奧修・奧義書 (中)

Osho Upanishad Vol.2

奧修 OSHO 著

李奕廷 Vivek 譯

譯者序

「我通常不提出任何預言，但關於這點，我是完全預見的：接下來的一百年將會越來越不合邏輯，越來越神秘。

第二：一百年後，人們將能完全了解我為什麼被誤解——因為我是神祕和不合邏輯的起點。」

第十二頁

生命中重要的部分都是神祕的、無法解釋的、無形的，是這些重要的部分在影響世界、改變世界——真理、愛、美……和所有內在的、心靈層面的；儘管表面上，金錢、權力、名望、性、食物一直被追逐著，實際上卻是那些重要部分的替代品。為了得到那些表面上的，我們一直被灌輸、被制約、被教導去和別人競爭、追逐、對抗，即使如此也不一定能得到這些東西，但卻為此失去了那些重要的部分：

「生命是一所學校，除非你完成功課了，否則你會一再的返回到同樣的層次。一旦你完成功課了，經過考驗了，然後即使你想要返回，也不會有門對你開啟。你必須達到更高的層次，不同的存在層次。」

第一七三頁

在這些重要的部分中，愛是最令人關注的：

「愛有三個階段。

第一，你得先學習愛自己，因為除非你是愛自己的，你才能愛別人…那是愛的第二個階段。

這是生命中其中一個最偉大的實驗。沒有比這更大的實驗了。你必須非常愛以致於慢慢的、慢慢的，它改變了對方，讓對方放棄想要支配和操控一切的努力。這都取決於你的愛。

只有當你的愛達到了某個程度，以致於對方轉變了，第三個愛的階段才會來到。然後就不是兩個人相愛的問題；愛吞沒了你們，從某個更深的層面來看，你們變成了一個整體。」

第二六二頁

透過奧修，我們再次體驗到了真理、愛、美和所有重要的⋯⋯那是我們的本性，只是忘了它。一切的努力是為了再次想起，然後就不再有任何煩惱、痛苦、憂慮，你會意識到生命可以是不同的；喜樂會是自然的。

目錄

第十六章
真理一直是個人的

奧修，這個世界透過邏輯的方式發展著，不用一百年，人們就會開始困惑，為什麼沒聽過你和接受你。你成功的奠定了未來的宗教基礎，然而，被同時代的人迫害的感受是什麼？

你的問題中有很多暗示。

首先，世界並沒有透過邏輯來運作。它曾經是，但只有到愛因斯坦時，在愛因斯坦之後的邏輯是沒有意義的。在每個實驗的領域中，都產生了不合邏輯的狀況。

畫不是邏輯的。如果你看到一幅以前的畫，你可以理解它們是什麼；但對於畢卡索的畫卻非如此。

我聽說在畢卡索的畫展中，一個評論家非常在意一幅畫。他會去看其它的畫，但仍不斷走到同一幅畫面前。畢卡索一直看在眼裡。最後他走到那個人旁邊說：「你為什麼對這幅畫這麼感興趣？」

那個人說：「我是個評論家，這是幅未來的畫。」

畢卡索看著那幅畫說：「我的天！它掛反了。」

但那仍不會有任何差別；你無法透過邏輯了解畢卡索的畫。但你會對它入迷和為之興奮。你會愛上它。你會看到那些顏色的美，你會看到其中的和諧一致。它會對你造成很深的衝擊，但不會有任何意義。如果某人問你這幅畫的意義，你將無法回答——因為連畢卡索也無法回答。

他寫信給一個朋友：「我很氣那些人詢問畫的意義，因為他們使我尷尬。沒人會問玫瑰：你的意義是什麼？沒人會問日落：你的意義是什麼？沒人會問星空：你的意義是什麼？為什麼每個人都要問可憐的畢卡索：這些畫的意義是什麼？存在沒有任何意義。就理智而言，存在是沒有任何邏輯的；它是不合邏輯的。」

用我的話來說，它是神祕的。

世界並沒有朝著邏輯發展著。邏輯已經過時了。天才已經超越它了。

至於詩：你無法問艾茲拉龐德：「意義在哪兒？」他會說：「那是詩，詩和意義有什麼關係？詩是某種會觸發喜悅、狂喜、寧靜、平和的——毫無理由的。」

詩的文字不是詩——詩是某個文字間的、段落間的。所以那些只讀文字的人永遠不會了解詩是什麼；他們會停留在散文中。散文是邏輯的，詩是非邏輯的——這就是差別。散文有其邏輯。詩則有其神秘。

看人們跳舞，你不會問那有什麼意義。舞蹈影響了你、觸動了你——舞者越偉大，他對你的穿透力就更強——但那沒有任何理由。他的舞動創造了某個情況使你的意識開始移動。有了一個同步性，你裡面的某個東西開始舞動。但是沒有任何意義。

所有屬於創造力的層面都是如此，甚至科學。物理越過了邏輯的限制，進入了非邏輯的。數學也跨越了邏輯的界線。

數學曾被認為是世界上最邏輯的東西，因為它是理智下的產物。數學不存在於存在中，它純粹是人造的。所以人自然會使它是符合邏輯的。但連數學也在本世紀出了問題，因為物理、生物化學、化學——都超越了邏輯和意義的界線。而數學是它們的根基。

有一個偉大的數學家，哥德爾，撰寫著一本關於數學的書。那會是最終的數學之書，他可以做得到。他幾乎奉獻了一生——寫了數千頁，他打算要做出結論。同一時代的數學家和哲學家，羅素，也在撰寫一本關於數學的偉大作品，數學原理，它包含了一切。

數學被認為是完美的科學。但羅素在一本童書中遇到一個小問題，他無法解決——而他是本世紀其中一個最偉大的數學家。那個問題後來被稱為羅素悖論，哥德爾寫信通知羅素，他準備要為他的書做出結論，羅素回信：「在你下結論前，請先看這個問題，」他把那個問題寄給哥德爾。

那個問題很簡單。全國所有的圖書館長收到命令要將圖書館全部的書分類。而且每本書要有兩種分類：一個是圖書館自己的分類，另一個是中央圖書館的分類。

很多圖書館長感到為難——分類後的索引呢？圖書館將會有一本索引；那是一本書——它該被包含在分類中嗎？

很困難，你無法分類它；它從不存在。它只是索引。但你創造了它，它出現在存在中，現在會放在圖書館。如果圖書館原本有三千本書，現在將會有三千零一本書。該怎麼辦？它該被納入分類嗎？

但那些地方的圖書館長寫信給中央圖書館的總館長：「我們遇到一個困難。我們要把索引寄給你——無論你決定如何，我們都會留個空間。如果你覺得要把它列入分類，你可以這麼做，但那表示那個索引會包含了自己。那是荒謬的。」

總館長快要發瘋。把自己的圖書館內所有的書做了分類，然後把地方圖書館的書也做了分類，但同樣的問題又出現：那本索引是否該被分類？他得保存一份索引，然後把一份索引寄給國王，讓國王知道中央圖書館和地方圖書館各有多少書。如果不把它分類，那會是說謊；如果把它分類，那會是荒謬的。

羅素把那個問題寄給哥德爾——你是偉大的數學家，年長的，聞名世界的，將要為一本曾經被寫下來的數學領域中最重要的書做結論。請同時解決這個問題；它是個數學問題。哥德爾發瘋了⋯⋯他把努力了將近四十年的書燒掉。那個問題仍然未解。

會有一個片刻來到，邏輯失敗了；那些荒謬的、不合理的、神秘的，接連來到。接下來的一百年將會越來越不合邏輯。

我通常不提出任何預言，但關於這點，我是完全預見的：接下來的一百年將會越來越不合邏輯，越來越神秘。

第二：一百年後，人們將能完全了解我為什麼被誤解——因為我是神祕和不合邏輯的起點。

我是過去的中斷點。過去無法了解我，只有未來可以。過去只能譴責我。它無法了解我，無法回答我，無法和我爭論；它只能譴責我。只有未來……當人變得越來越能接受神祕和那些沒意義卻又重要的。玫瑰是沒意義的——但它是如此重要和美麗。整個存在都是重要的，但不是有意義的。意義是屬於頭腦的，重要性是屬於心的。

愛是重要的，但不是有意義的。所以好幾世紀來，父母一直為小孩選擇婚姻對象。婚姻是有意義的。父母經驗過了：他們會選擇正確的家庭。他們會為自己的女兒選擇一個品德良好的男人。他們會選擇一個有成就的人，某個重要人物，或者未來有潛力的人。他們會確保那個男人會是要繼承一大筆遺產的人——金錢、權力或名望。兒子的情況也一樣。那是個交易；因此國王只能迎娶其它王室的人——建立關係。以便避免戰爭。如果你研究歐洲，幾乎每個王室都和其它王室有些親戚關係。

我有個桑雅士，味馬克里提——如果帝國制還存在，他會是德國皇帝。但帝國制被廢除了；他的父親只是一個郵政局長，但他卻是德國最後一個皇帝的孫子。他幾乎和歐洲所有的王室都有親戚關係。英國女王是他的姑母，因為女王的丈夫，菲利浦，是味馬克里提的母親的哥哥。味馬克里提的母親有三個姐姐，當然，都嫁給了王室——丹麥、荷蘭和希臘；所有這些王室都是彼此有姻親關係的。這是個策略，一個商業上的策略——你不能對抗自己的親戚。

其次，那會讓皇家的血脈保持純粹，彷彿真的有血液是高貴的。

人一直活在這樣的虛假中。沒有任何血液是高貴的。

你一定看過維多利亞女王的照片，或其他穿同樣衣服的人的照片，你看不見她們的腳。羅素來自於一個王室，他記得童年時——因為他很長壽，幾乎一百歲。活了快一百年，再一百年就活太久了！他經歷過太多事情、太多改變、太多朝代的興衰。他記得年輕時，對男人而言，只要看到腳就足以產生性慾——因為任何隱藏的東西都會造成好奇心。沒人看過赤裸的女王。人們以為女王的腳是連在一起的；所以他們才會走這麼慢。但他們走得慢是因為那是皇室的方式，優雅的。全歐洲的人都以為他們的腳是連在一起的，因為沒辦法知道事實。

婚姻，無論是皇室的婚姻或者一般的婚姻，對父母而言都是個生意。

愛從不會考慮你的帳戶有多少錢。妳在愛上某人前是否會問：「在我愛上你之前，告訴我，你的帳戶有多少錢。我正要愛上你——在愛發生前，至少讓我知道有多少存款。」妳可能會愛上乞丐——因為愛不是生意；就商業面而言，愛是沒有意義的。

妳愛過，但妳無法說愛有什麼意義。那是其中一個每個人都會經驗到的奧秘。

所以我說愛是通往神性的入口。

神性不是每個人都能經驗到的。愛是每個人都能經驗到的。現在由你決定，是否要把你的愛轉變成神性；它是入口。但不要要求意義；愛沒有任何意義，神性也沒有任何意義。

我的祖父常和我爭論：「這些成道的工作是什麼？你可以從中得到什麼？」

我說：「那就是你錯過整件事的地方——當你問能夠得到什麼。」

他說：「如果你什麼都得不到，為什麼要這些麻煩？應該做些有意義的事。」

我常常靜靜坐著好幾個小時，他會來：因為我的父親和叔叔強迫他退休，他不想退休。所以家裡面只有兩個人是沒有用處的：我是沒有用處的，因為我從不接觸生意；他是沒有用處的，因為他無法再接觸生意。所以我們幾乎常遇到——其他人都在忙。而我會靜靜的坐著，他則會來找我，坐在我旁邊。

他會說：「聽著，我是被他們強迫退休的——而你是笨蛋！你已經退休了，甚至還沒接觸任何生意。這可以得到什麼？靜靜的坐著能得到什麼？」

我說：「我不想得到任何東西。我只想靜靜的坐著。那是如此美麗和喜悅。」

他說：「這是不切實際的。在生活中，錢是需要的。他是個歷經風霜的人，他是對的——在生活中，詩不會有幫助。他會不斷對我說：孩子，聽著，沒人會照顧你——他們會寵壞你。他們都忙著賺錢，才讓你有機會做那些跟成道有關的事。但永遠不要跟我講任何和成道有關的事。」他常對我說：「甚至只提到那兩個字就讓我很生氣。你怎麼會有這個想法的？去做些有用的！雖然你快變成沒用的人了。」

我說：「就是這個，那就是成道的意思。」

我們常在早上或傍晚散步，漸漸的，我對他說：「聽著，不論如何，你退休了，而我不打算碰那些生意，所以不要再和我討論生意了。你能得到什麼？你已經被迫離開生意了。我從一開始就是局外人；沒人可以把我趕走或讓我退休。既然你已經退休了，那就放鬆吧。試著在我旁邊閉著眼睛坐一會兒。」

他說：「但除非我了解其中的意義⋯我不想成為笑柄。閉著眼睛坐著——如果人們看到，他們會以為這個人老得走不動了。」

我說：「由你決定，但你得記住一點：你的一生都在追逐意義、實用性和用處。現在你快接近死亡了。當你死的那一天，跟著你離開的是寧靜，不是金錢，跟著你離開的是安寧，不是權力。如果你的內在充滿了光，你的死亡會變成最狂喜的經驗。你在這個世界活過了，現在為死亡做好準備——當你死後，這個世界的錢幣是沒有用處的。」

但他很固執，舊習慣很難改。聽從一個小孩有違他的自我⋯但在他臨死前，所有家人中，他只想著我。我那時在大學，離家八十哩遠；但我趕了回去。他剩下最後一口氣，彷彿只是為了等我。他瘦得只剩下骨頭，想要對我說些話；我只得把耳朵湊近他的嘴巴。我說：「你可以說任何你想說的，這次我不會爭辯——因為你沒時間了。你說吧。」

他說：「我只想對你說你是對的，我是錯的，但現在太遲了。」這是他的遺言。

葛楚．史坦，一個有名的詩人，快死了。她是聞名世界的，我愛她的故事，她的詩，她的寓言——因為它們沒有任何意義，但它們是美麗的花朵。你可以感受到它們的芬芳、新鮮和活力；裡面有其訊息。所有愛她的人和朋友都在旁邊。她張開眼睛說：「答案是什麼？」這是荒謬的，因為她沒提任何問題，所以她怎能問答案是什麼？當下一片寂靜。然後某個人說：「妳沒提出問題。」

她說：「好。沒太多時間了，那麼，問題是什麼？」——然後她死了。

不會有任何問題，也不會有任何答案。生命是一個要去經驗的神秘——不是要去質疑和詢問的、不是去提問和回答的：而是去活過、愛過、笑過和舞過的。

一百年後，人們會完全了解為什麼全世界都在譴責我。

甚至在這兒，就在今天，有封威脅信寄來：如果我不離開這兒，這間房子會被燒掉。在我來演講前，我要尼蘭告訴蘇拉吉派拉卡西，如果有任何困難，我可以住在旅館——因為我不希望他的家人忍受不必要的困擾。

一百年後，他們會了解。因為人越知道更多生命的神秘，他就越不會是政治性的；他就越不會是印度教徒、回教徒或基督教徒；他就越難成為狂熱份子。一個和神秘和諧一致的人是謙虛的、有愛心的、關懷的，他會接受每個人的獨特性。他會為每個個體的自由感到高興，因為只有自由可以讓人性的花園是個富饒的地方。

每個個體都應該有自己的歌。

但現在只有群眾和暴民在決定一切。正是同樣的暴民在譴責我，因為我支持個體的權利——我獨自一人支持個體的權利。

無數人的內心存在著各種暴民。在基督教的國家，是基督教的暴民想要燒死我。在希臘，是東正教教會的人想要炸掉我住的房子，他們威脅政府，如果不在一小時內把我驅逐出境，那我以客人的身分居住的房子會被燒掉，連同裡面的人。那是個美麗古老的大房子，將近二十五個桑雅士和我住在一起。那十五天我一直待在房子裡面沒出去過。

但暴民害怕個體。個體性的主張對於暴民是危險的；那和暴民是基督教徒、印度教徒或回教徒無關。問題不在於什麼樣的暴民；問題在於暴民一直是反對個體的。

而真理一直是個人的。它從不受暴民的控制。

一百年後的人將能了解我的罪是什麼。我的罪就是對個體性的主張，反對各種暴民和其兇暴的逼迫。

你還問到我被迫害的感受。就我而言，感覺很棒！我沒什麼可以失去的。暴民們在打一場會輸掉的仗，它的時代已經過去了。我在打一場將會勝利的仗——如果不是我在的時候，那就是未來的某個時候。但我走在正確的路上。那是非常令人滿足的，因為我不屬於那些迫害者，我是被迫害的人；我不屬於那些行刑的人，我屬於那些被處刑的人——因為那些被處刑的人才是地球的精華。只有他們幫助了人類意識的成長。那些行刑的人是低於人類的。

所以非常好；他們最多就是殺了我。但殺了我，他們會活在錯誤的想法中——因為我已經知道我內在的源頭是無法被殺死的。只有身體可以被摧毀。但身體遲早會死——如果死亡是因為某個美麗的，那它會是更美麗的，透過一個有創造性的方式死去可以為世界帶來某個東西，那不是平凡的死亡。我已經有過一個非凡的生命，所以我很樂意非凡的死去。

就我而言，不斷被每個國家和不同的暴民迫害只是個遊戲。我很清楚，非常肯定，真理站在我這邊，所以無所謂。即使全世界都反對我，那不會造成任何差別。

這是喜悅的、玩樂的——從我這邊來看。我很享受整齣戲，我會享受到最後一口氣——因為沒有什麼可以失去的。任何生命可以給我的，都已經給我了。

我想要用最美麗的方式去經驗死亡。為了真理被處死、為了未來被處死、為了人類意識的進化被處死，那是一個人唯一能想到的最美麗的死亡。

奧修，奧義書的新階段是如此美麗。對我而言，你比過去更貼近我們。我有一種急迫感：「要就現在，以後就沒有機會了。」但我又感覺我的防禦心擋在中間不讓你完全的進入。那根敲碎我的硬殼的槌子在哪兒？

槌子就在這兒。你的腦袋在哪兒？

你的腦袋躲在這麼多副面具後，你形成了這麼多的緩衝物包圍著你。

你得了解緩衝物的意思。兩節火車的車廂中間有些緩衝物。它們被放在那兒以便如果有任何意外，它們可以吸收撞擊，不影響到車廂內的乘客。就像你的車子內的彈簧：那些彈簧持續吸收和道路之間的撞擊，不讓撞擊影響到你。

頭腦創造了各種緩衝物。當你被槌子敲到時，緩衝物會吸收撞擊；不會影響到你。除非你察覺到那些緩衝物並拋棄它們，否則任何槌子都沒辦法摧毀你的制約和抗拒、無法摧毀你創造出來包圍著你的障壁。你創造了它們，把它們當成安全措施，但它們已經變得太厚，不再只是安全措施。現在問題變成如何使你擺脫你的安全措施。

有些事要了解。科學家最近發現了猛獁象的骸骨，它相當於大象的四到六倍大，曾在數百萬年前在地球上行走。然後牠們突然消失了。科學家很困惑，想要找出原因，牠們為什麼從世界上消失了。直到最近，科學提出了假設，那對我而言似乎是正確的。

那個假設就是那些猛獁象變得越來越巨大；那是個安全措施。牠們累積脂肪以應付緊急的情況，因為食物越來越少；那些巨型動物需要很多食物。所以小動物消失了，然後巨型動物找不到食物。牠們開始在體內累積脂肪。那是個安全措施，以便當你沒有食物時，你的身體有個系統——每個人的身體有個系統⋯⋯

那就是你禁食時發生的。當你禁食，你每天會越來越瘦。那些重量去哪兒了？你有想過嗎？

我曾參加過一個耆那教的聚會，我問：「你們把禁食當成宗教的儀式，認為禁食是非暴力的。但你是否可以回答我？——那些重量去哪兒了？你在吃自己的肉！禁食不是素食的。」

身體有一個應急系統。當它得不到日常食物的供應，它會有一個自身脂肪的儲藏庫。女人容易比男人胖的原因就是她們會成為母親——當一個女人懷孕，她無法進食；她會越來越難吃得下東西。小孩在她的子宮內成長——小孩需要食物，母親需要食物——但母親吃不下。因此，自然讓女人的身體可以比男人累積更多的脂肪。以便她可以在九個月內提供養分給小孩，一個新生命——也讓自己能活下去。

那些猛獁象開始累積大量的脂肪以致於很難移動。牠們太重了，以致於無法走路；牠們的死亡是因為無法追逐動物，無法獵食牠們。

我在美國的社區看過——因為有數千隻鹿來到社區。牠們在其它地方被捕獵；只有在社區內不會被殺。牠們很喜歡吃苜蓿，所以我對桑雅士說：「盡可能在社區內種植苜蓿，因為這些可憐的鹿，牠們是以客人的身分來到這兒。」

但有一天，我被告知那變成有害的，因為有四隻鹿毫無原因而死。那些醫生調查後發現我們給牠們吃太多苜蓿了。牠們變得太胖——牠們的腳是瘦長的；鹿需要瘦長的腳才能奔跑——而牠們無法行走。奔跑是不可能的，牠們甚至無法來個晨間散步！我說：「那必須想些方法；得有人去注意不讓牠們吃太多苜蓿。牠們是為了保命來到這兒，但卻因為吃太多而死！」

那是自然提供的安全措施——在你的骨頭周圍累積脂肪，以免你沒有東西可吃。在不進食的狀況下，你至少可以活九十天——你會瘦得只剩下骨頭，但你可以活九十天。

頭腦創造出保護自己的緩衝物，因為在你不知道的情況下，你持續被圍繞著你的思想波轟炸著。每個坐在你旁邊的人都在對你扔擲思想波；每個人都是個廣播站。你不會聽見，對方沒有大喊，但那些波攜帶著思想奔向你。很多時候，你發現自己很困惑：突然有個思想來到；為什麼這時候會有這個念頭，似乎沒有原因。那可能不是你的思想，可能只是坐在你旁邊的人的思想。

就像攜帶著訊息的無線電波。它們現在就正經過你，但你聽不見；只需要一個小型的接收器就能讓你聽見。

二次大戰時，在瑞典發生過：有個人的耳朵被射傷了。當耳朵被治好後，有一個奇怪的現象發生了：在醫院的病房，他開始聽得到奇怪的東西——歌曲或新聞。他告訴護士和醫生：「出了問題。我聽到廣播電台播放的一切。」一開始，他們並不相信他，因為以前從未發生過。但最後他們接受了，因為他們在另一個房間放一個收音機，而他可以接收到附近的地方電台播放的一切。

「現在新聞開始播報。」他說：「接下來在播放什麼，某個歌手開始唱歌。」他們在另一個房間比對，發現他是完全正確的。他的鼓膜發生了一些變化；它們變成可接收的。那是獨一無二的。但那個人快發瘋了，因為二十四小時不斷…誰想要？

醫生說：「太棒了！——這是史無前例的…」

他說：「好，但除非你裝些東西讓我可以把它關掉，否則我不想要！即使因此有一隻耳朵會聾掉，我準備好了；把它解決。二十四小時持續播放，連睡覺時……到了半夜，他們結束了最後一個節目後，那時我才能睡覺——直到六點……休息六個小時。然後到了六點，廣播又開始了。我聽不見別人講話，因為那個廣播很吵。我無法說話——當我說話時，會突然開始說出無關的——因為那個廣播會和我的思想混在一起。越來越難區分哪些是我的思想，哪些是廣播。」

只能把他的耳朵摘除——因為我們不知道如何放個開關讓他可以決定是否要接收廣播。但那指出了一個可能，有一天你的房子可能不再需要巨大的收音機；學生可能不再需要把電晶體放在耳朵旁。在你的耳朵後面有一個按鈕——你可以把它打開或關上，沒人會知道。你可以享受它，那會是完全私人的：特定的節目可以被播放給某些人聽，私人的節目。

我認識一個人，很富有的人，他在公司時都會戴著耳塞。你可以對他說任何話，他會微笑，但不會有任何評論。因為我和他很要好，所以他的經理人問我：「有件事很奇怪。在公司外面，他會講話，他是正常的。但在公司內，他只是微笑——有時候那不是該笑的情況。某個人說他的妻子死了，但他在微笑！那看起來不太好；彷彿他的心理不正常。到底是怎麼回事？」

我說：「沒事。他只是厭倦去聽每個人的事，所以他是完全聽不見的。他用了耳塞，什麼都聽不見。他微笑只是為了讓你以為他在聽你講話。」

你的頭腦不斷被四面八方的思想轟炸著。它為了保護自己，創造了一個緩衝用的障壁，這樣思想就會被擋住，不會進入你的頭腦。這原本是好的，但漸漸的，那些緩衝物變的越來越厚，現在它們不讓任何東西進入。即使你想要，它們也不再受你的控制。唯一破壞它們的方式就跟破壞你的思想一樣。只是觀照你的思想。當你的思想開始消失，用緩衝物阻擋那些外來思想的需要也就沒了；那些緩衝物會開始崩解。它們是抽象的現象，你看不見它們——但它們會產生影響。

只有知道如何靜心的人知道如何聆聽，反之亦然。知道如何聆聽的人會知道如何靜心，因為那是同一件事。

那就是這兒所發生的。你聽我講話。你愛我，信任我；非常渴望飲用每個字。你非常想要吸收一切以致於你內在的思想過程停止了。緩衝物鬆了開來。你感到一股寧靜，一個沒進入過的空間。當這一切離去，舊遊戲再次重演。你只需要了解整個情況。然後就能坐在樹旁、在床上、任何地方——只要試著聽著思想流的鼓噪，強烈的聽、全然的聽，沒有好壞的評斷。你的思想會停止，然後你的緩衝物也會崩解——突然有個間隔出現，引領你進入寧靜與安和。

好幾世紀來，這一直是接近自己的實相和存在的奧秘的唯一方式。當你越來越接近，你會感到更涼爽、更快樂、更滿足、更喜樂。然後會有某個片刻來到，你是如此的喜樂以致於可以和全世界分享，而你的喜樂仍會保持不變。

這就是其中一本奧義書說的：「你可以從整體中拿走整體，但整體仍保持不變。」這不是哲學或理論。而是某個存在性的、經驗的。

你可以給予所有的喜樂，但整體的喜樂仍然不變。你可以持續給予，但沒辦法耗盡它。在這兒你只能學到方法；然後無論何時何處，你得使用那個方法。

有很多時候可以用——在公車中、火車上、床上。我看到人們在抽菸、玩牌、看電影，然後問他們：「為什麼要做這些事？」

他們會說：「…殺時間。」

人們有太多時間以致於得殺掉它。他們不知道如何用它。

拜託，那些你想要殺掉的時間——把它用來靜心。我不需要你的生命做任何其它的改變。我要求不多：只要不去殺時間。那些你一直在殺掉的時間，現在讓它們殺掉你！

奧修，你是我最愛的叔叔、我的父親、我的助產士、一個歡笑的小孩、我最好的朋友、一個古代的聖人、我最愛的說書人、我的師父…我醒來後的第一個念頭，睡覺前的最後一個念頭…

你溫暖的棕色雙眼、輕柔的雙手、觸碰我的頭的腳；你是我體內的叮叮聲…有時候是寧靜，有時候是首歌…

你的一拍、一瞥，你的存在和不在；你是白天和夜晚、夏天和冬天——你是四季；一個

達成的承諾，唯一的希望，所有夢的摧毀者；唯一的庇護——我尋求躲藏的地方；你是一個魔術師，也是個平凡人。你是個謎，你是我。你是月亮、星辰和所有圍繞著它們的。你是我的世界中綠色的、棕色的、藍色的和金色的一切。你是一切，也是空無。你是愛。鍾愛的奧修，是否可以請你談談師徒關係的進展？

關係有很多種，但沒有一種比得上師父和弟子的關係。其它的關係都是制約，即使是最好的關係。

例如，愛的關係仍是有所求。唯一無制約、無要求的關係就是師父和弟子的關係。

事實上，它是如此罕見和獨特，不能把它歸類為關係。因為語言的貧乏使我們把某個不是關係的東西稱為關係。它是會合和融合——毫無原因的。

弟子沒有任何要求，師父沒有任何承諾；但弟子仍有渴望，師父仍有承諾。那是一種親密，沒人是比較優秀的，沒人是比較低下的——但弟子是女性的，一直是女性的，因為弟子只是個開口、一個子宮、一個接受性。而師父是男性的，因為師父只是在給予，毫無理由的給予，他是如此的充滿。他必須給予。他是朵雨雲。

就如同弟子在尋找，師父也在尋找。弟子在尋找一個可以敞開自己、沒有任何恐懼和抗拒、不會退縮的地方——全然的投入。師父也在尋找這樣的人，可以接受神秘的、準備要重生的人。

到處都是老師，學生也到處都是。老師擁有借來的知識。他們也許是非常博學的，但內在深處只是一片黑暗；他們的知識隱藏著他們的無知。當然，也有在尋找知識的學生。

師父和弟子則是完全不同的現象。

師父不會給你知識，他會分享他的存在。

弟子不是在尋找知識，他在尋找存在。他是存在的，但他不知道他是誰。他想要看見自己，他想要赤裸的站在自己面前。

師父只能做一件簡單的事，就是創造出信任。其他的一切會自行發生。當師父可以創造出信任，弟子就會放下他的戒備、拋棄他的裝飾和知識。他再次變成小孩——天真的、警覺的、有活力的——一個新的開始。

父母生下了你的身體——一個生命，終究會死亡。父母為你的出生和死亡負責。師父也帶來新生，但那是意識的出生，它只知道開始——不會有結束。

所需要的是一個完全信任的氛圍——在那個信任中，事情會開始自行發生；而不是弟子或師父做了它們。弟子只是接受它們。師父則是宇宙力量的媒介——就像被用來做為笛子的中空竹子。但樂曲不是來自中空的竹子；除非中空的竹子沒有毀了樂曲，而是被它使用。

師父是宇宙意識的媒介。

如果你是敞開的，宇宙意識會突然攪動你沉睡中的意識。師父並沒做任何事。弟子也沒做任何事。一切就只是發生了。

古代的故事是有意義的，必須記住。裡面說求道者見過無數個老師，直到遇到某個存在，突然有了信任感——他們找到了。師父也一直在走動⋯

有一個美麗的故事。

佛陀到了一個村莊。全村都趕來聽他說話，但他一直等著，回頭看著路上——因為有個小女孩，不滿十三歲，在路上遇到他並對他說：「等我一會兒。我會送食物給在田裡工作的父親，但我會準時回來。不要忘了，請等著我。」

最後，村裡的長者對佛陀說：「您在等誰？每個重要的人都到了；您可以開始說話了。」

佛陀說：「但我因為某個人才來到這兒，那個人還沒到，我得等著。」

最後小女孩來了，她說：「我晚了一會兒，但你遵守了承諾。我知道你會遵守承諾，你得遵守承諾，因為自從我覺醒後，我一直在等你⋯我大約是四歲時聽到你的名字。只是名字，某個東西開始敲著我的心鈴。從那時起，如此漫長——也許有十年——我一直在等待。」

佛陀說：「妳的等待不是沒意義的。我是因為妳才來到這個村莊。」

佛陀開始說話，小女孩是唯一對他說：「點化我。我等夠久了，現在我要跟你在一起。」的人。

佛陀說：「妳得跟我在一起，因為妳的村莊是如此偏僻，我無法一直來。路是漫長的，而我越來越老了。」

全村的人都沒要求點化——只有那個小女孩。

當晚，在他們入睡前，阿難問：「在您睡覺前，我有個疑問：你是否感到某種拉力，使你前往某個地方——像種魔力？」

佛陀說：「你是對的。那就是我如何決定我的旅程。當我感覺某個人很渴——如此渴以致於如果沒有我，那個人就沒希望了——那我就得往那個方向走。」

師父會走向弟子。弟子也會走向師父。他們遲早會相遇。

那個相遇不是身體上的，不是心智上的。而是靈魂的相遇——彷彿你讓兩盞燈互相靠近；燈是分開來的，但燈火變成了一道。有兩個身體，但當兩個靈魂變成了一個靈魂，很難說那是種關係。它不是，但沒有其它的文字可以表示；語言是很貧乏的。

那是處於一。

第十七章

在空無一物的房間裡說謝謝

奧修，我再次待在荷蘭工作。當我聽說你到了孟買，我考慮了三天，決定來見你、和你在一起、處於你的存在中。尋找你的過程真的是個大冒險。

在我來之前，我沒有任何問題，但等到要離開了，我有了兩個問題。第一，你的健康狀況如何？第二，你是否可以把你的計畫告訴我，以便我和人類大學的朋友不用擔心你。

我了解你擔心我的健康狀況。那不只是你擔心的，那是所有愛著自由、真理和個體性的人所擔心的。

那不只是個關於我的健康狀況的問題。那是活在傳統、盲目、荒謬、甚至談論真理都很危險的世界中的每個人的問題。危險是因為所有既得利益者想要人類一直是遲鈍的，這樣他們的心智就無法進化並發揮潛力去達到最終的。因為如果出現了像蘇格拉底、老子、佛陀般的人，那就不可能再從生理上或心理上去剝削人類了；不可能再去壓迫和奴役人類的靈魂。而政客需要奴隸，教士需要奴隸。他們不想要人類綻放以便釋放芬芳到風中，抵達了太陽和月亮。他們要你只是為他們賺錢，讓他們得到更多權力、奴隸和聲望。

因此，你對我的健康狀況的關心不只是尋常的關心。身體上而言，我處於各種隨時會間接讓我死亡的情況。因為自古以來，政客和教士都學到了一件事——十字架刑沒用。

如果他們沒把耶穌釘上十字架，就不會有基督教。毒死蘇格拉底沒用，那會使他像天才一樣的永遠活在人們的心中，一個對人類智慧的進化有莫大幫助的人。如果他沒被毒死，我們可能會忘了他。他們學到一件事：如果你想要再殺死耶穌，不能用十字架刑，必須是間接的——彷彿是個意外，自然的死亡。

那就是他們在美國對我做的。雷根和他的政府試著用各種方式殺掉我，但不是間接的。我很驚訝，因為當我被逮捕後⋯那個逮捕是違法的，沒有拘捕令，因為沒有可以核發拘捕令的理由。逮捕我的人甚至無法說明原因。我說：「即使口頭表示也行——我為什麼被逮捕？」

答案是因為十二把槍指著我。

而且不讓我通知律師，因為他們擔心：如果律師來到，那第一個問題會是：「拘捕令在哪兒？」

我聽到美國司法執行官悄悄的對載著我去監獄的司機說：「記住，做任何你想做的，但不能直接的。這個人是聞名世界的，所有新聞媒體都在看。如果他發生任何事，那會是對美國民主的一大譴責。」

在十二天內，我不斷從一個監獄被換到另一個監獄⋯每個獄警都悄悄的互相告知——

「可以做任何事，但要小心；必須是間接的。」我很好奇他們會怎麼做——他們會如何間接的做以便世界不會知道——但沒多久我就知道他們說的「間接的做」是什麼意思。

在獄中的第一晚，給了我一個鐵製長椅，沒有任何墊子。他們知道我的背不好，我無法躺在鐵椅上。我也無法整晚坐著；他們甚至不給枕頭讓我可以靠著。他們拒絕——「可以給你的只有這些。」

我整晚坐著。睡覺是不可能的。坐著是困難的；我的背承受了很大的痛苦。到了早上，當他們帶我去法院……我從沒看過有人這樣開車。

我自己就是個不顧後果的駕駛。我一生只犯了兩次罪，都是超速。但他們不是超速，那是完全沒看過的開車方式。開車的是美國司法執行官。他全速行駛，超過車子的速限，然後突然剎車——毫無原因，只是為了讓我猛然的撞擊。我的手被銬上了，我的腳被上了腳鐐——他們還指示腰部的鐵鏈要怎麼放，正是我背痛的地方。這些會每五分鐘發生一次：突然加速，突然剎車，只是為了讓我的背產生最大的疼痛。沒人會說：「你在傷害他。」

我對司法執行官說：「你是個獨一無二的駕駛——但記住，我很享受整個過程。」他花了幾乎一小時載我到法院。我以為這是監獄到法院的距離。但法院就在監獄下面。監獄在樓上，法院在樓下；不需要開車。我只需要搭電梯，甚至不用一分鐘。這一小時只是為了盡可能讓我受苦，傷害背部的脊椎。

司法執行官不得不因為別的事離開，當法院的程序結束後，法院的職員只是帶我搭電梯前往監獄。然後我才知道那一小時只是個陰謀；不需要。當我看到他，我對他說：「你真的很關心犯人的健康。那一小時的戶外兜風，還有那獨特的駕駛方式──我會記得的。」

法院花了三天的時間不斷傳喚我，只是為了保釋的問題。根本上，逮捕我是違法的；不存在保釋的問題。問題是為什麼沒有拘捕令卻能逮捕我。但每當我的律師提出這個問題，法官只是制止他。而政府的檢察官在三天內用各種非常愚蠢的方式嘗試：他的努力就是不能讓我保釋，原因就是我擁有極高的智力──其中一個不能讓我保釋的原因。第二，我有無數朋友──第二個不能保釋的原因。這些是我犯的罪──我擁有智力和朋友。第三個原因就是愛我的人有很多取得金錢的管道，所以要多少保釋金都沒問題，因為會有人提供。

這是奇怪的。這表示任何富人、有智慧的人、有朋友的人都不能被保釋──因為這些是罪。

他自己覺得他說的話是如此荒謬以致於最後他說──他在法院說的最後一句話是：「我無法證明任何事；但我仍請求不給予保釋。」他說他無法證明任何對我不利的，然而他仍想要法官不讓我被保釋。最後法官不讓我保釋。

甚至獄警也希望我被釋放──因為沒有原因，一切是如此愚蠢──他說：「我感到很難過。我一生從未見過如此不公平的事。首先，他們沒有任何逮捕你的原因，而法官不讓你的律師就這點提出質疑。其次，他們沒有提出任何不能保釋的原因。」獄警說：「我知道原因是法官被施壓。」

她是個女人，她想要成為聯邦法官。她收到來自華盛頓的指示：「如果妳讓他交保，那麼妳這一生都只會是地方法院的法官。如果妳不讓他交保，妳會被升為聯邦法官。」

他們為什麼這樣要求？因為他們逮捕我的地方在北卡羅萊納州，而法院在奧勒岡州，搭飛機只要五、六個小時。那就是他們承諾的：「六小時內就能送你到奧勒岡州，逮捕你的命令是那兒給我們的。所以由他們決定是否要讓我交保。」

他們用了十二天的時間，而不是六小時；一小時變成了兩天。而我得待在五個不同的監獄。他們對我說：「我們會送你到機場，」但他們會帶我到另一個監獄。

我對他們說：「你們至少可以誠實點。如果你們要帶我到另一個監獄，我無能為力。我會跟著你們。何必說要送我到機場，卻來到另一個監獄？」

他們在每個監獄試著用不同方式傷害我。在其中一個監獄，他們把我跟一個因為傳染病而垂死的人關在同一間牢房。那個人有六個月沒和任何人關在一起。他必須獨自住一間，因為醫生說任何和他住一起的人一定會被傳染。而我在半夜被送進那間牢房。醫生在場，他沒有反對；獄警也在場，司法執行官也在場。那個垂死的人——我後來聽說他在我離開監獄後三天死了——他無法講話，因為很虛弱。他寫了一張紙條給我：「奧修，我在電視上看過你。我知道這些人想要殺了你；所以才讓你住在這間牢房。不要碰任何東西。只要站在門邊一直敲門，直到有人來，強迫他們換牢房。因為我快死了，我不想要你被傳染。六個月來，他們沒讓任何人進來住過——而你甚至算不上犯人。」

我敲了一個小時，獄警出現了，然後醫生出現了。我對醫生說：「你的舌頭怎麼了？六個月來，你一直說不能讓任何人住在這間牢房。你現在為什麼不說出來？」他很尷尬。我說：「你是醫生。你在學校取得學歷前許下希波克拉底的誓言，你會服務生命，不是死亡。這不是在服務生命。」

他說：「我很抱歉，但⋯⋯來自高層的命令。我是個可憐的醫生，我無法違背命令；請原諒我。」然後我被換到其它牢房。

他們給我藥——我從未吃過；我拿了它們，把它們丟進廢紙籃內，因為我不需要那些藥。我對他們說：「我的問題是我的背，你們在摧毀的」——因為同樣的開車方式，從一個監獄換到另一個監獄，持續著，那是預先計畫好的；從監獄到機場，從機場到監獄，同樣的開車方式持續了十二天——「但沒有藥可以治療我的背。所以你們給我的是什麼藥？治療我的過敏嗎？我有過敏症，但你們做了各種努力使它惡化。」

在每個監獄，他們把所有重度菸癮的人和我關在同一間牢房，所以一整天隨時有人在抽菸——因為他們知道我對菸味、灰塵、香水和各種味道很敏感。他們用各種方式摧毀我的身體。我問他們：「這些藥是治什麼的？」它們顯然是用來讓我生病的。

我知道蘇聯也這樣對付過三個諾貝爾獎得主。那三個諾貝爾獎得主——他們都是天才——拒絕了政府。政府要他們拒絕接受諾貝爾獎，他們說他們無法拒絕，因為那是世界對他們的工作的認可。他們立刻被逮捕，被迫吃藥和打針。

有個科學家被迫吃藥和打針，使他無法睡覺，持續了二十一天。如果你有二十一天無法睡覺⋯他們還給他吃會摧毀腦細胞的藥。然後他們讓那個人上法院，並在法院說他發瘋了。法官問他：「你的名字是什麼？」他無法回答，因為他失去講話的能力。那就是他們持續二十一天在做的，摧毀他的語言能力——他是蘇聯其中一個最好的演說家。

我在其中一個監獄時，他們說：「如果你不想要口服藥，我們可以幫你打針。」我說：「永遠不要。不要碰我的身體。如果你碰了我的身體，使我因此發生任何事，你要負責。我自己決定是否要吃藥。我沒有生病，不需要你的藥。我的身體真正的問題，你沒有藥可以治——你們已經創造各種情況去加重那個問題。」

我在每個監獄待的地方有二部電視，二十四小時都開到最大聲。睡覺是不可能的。然後整個地方都是菸味；我無法呼吸。

他們做了一切能做的。當他們用了各種方式仍無法摧毀我，最後一步就是在我的椅子底下放了炸彈。只是那個炸彈對我很慈悲——他們無法固定時間，那是個定時炸彈。我去了法院，他們不確定我何時會回來。他們算了時間，法院會在五點關門，所以他們根據這個時間設定炸彈。

但我在將近三點時回來。因為沒有任何問題⋯他們列出一張清單說我犯了一百三十六項罪，他們知道那都是虛構的，如果到了判決階段，美國政府將會輸掉。而政府不想要輸，特別是對方只有一個人。所以在開庭前，他們邀請我的律師去談判。那是很罕見的，因為當你和政府對抗，是你會想談判，不是政府。當政府要求談判，那表示沒有證據，沒有犯罪的證明。他們只是在勒索。

美國檢察總長對我的律師說：「說實話，我們沒有任何證據，所以我們不想要進入判決階段。我們也不想讓政府輸，那有失威望。所以我們有個提議：如果奧修接受那一百三十六項罪名的其中兩項，我們會放棄進入判決階段。他會因為那兩項罪名而接受懲罰，然後就結案了。如果你們堅持進入判決階段，因為你們知道你們會贏，但我們得讓你們知道：首先，如果你不接受兩項罪名，我們將不會讓法官同意保釋。這個案子可以持續二十年；奧修在這二十年會一直待在監獄。無論如何，如果我們發現案子快輸了，我們會結束他的生命。」——一個明顯的勒索。

我的律師眼中含著淚水：「我們這一生從未……」——他們是美國最好的律師——「我們從未遇過這樣的案子，他們沒有任何不利於你的證據。但要你接受兩項罪名，然後就結案——如果你不接受，他們威脅會讓案子拖二十年，他們不會讓你交保。而且如果他們快輸掉案子，他們很可能會殺了你。他們不想讓全世界知道他們輸給一個人。」

所以我的律師說：「我們請求你——接受兩項罪名，因為似乎沒有其它方式。如果你得待在監獄二十年，你的運動會被摧毀，你的桑雅士會被摧毀，你的社區會被摧毀。我們不期望你可以活著離開監獄；他們為了贏會不計任何代價。」

我對我的律師說：「不用擔心，我從不嚴肅看待任何事。不會有任何傷害；我會接受我犯了兩項罪名。等到離開法院，在全世界的新聞媒體面前，我會說我說了謊，我說謊是因為沒有其它的方式——美國政府強迫我說謊，但我在法院發過誓要說實話。所以不用擔心，我會想辦法。」

當我接受後，整個案子在三分鐘內結束了。那就是為什麼我回去監獄拿衣物的時間早於他們設定炸彈的時間。

我了解不只是你在擔心——也是我全世界的朋友在擔心的。他們如此愛我以致於這個身體如同他們的身體，我的生命如同他們的生命。

我是完全健康的。就我而言，就我的意識而言，不可能更好了。關於身體，我只能說到目前為止，它是完全沒問題的；但我無法談論明天。美國想要殺了它；他們準備付五百萬盧比給職業殺手——而且到處都有想殺掉我的人。真的很令人納悶他們為什麼還沒成功。我沒有任何預防措施，我是完全無法抵擋的。

你問到我的計畫。我從未想過明天，現在就已經很困難了——因為我可以計畫，但美國會破壞。我不相信神；但我相信雷根。

我待過二十一個國家，想尋找一個地方可以再次開始我的工作，但美國幾乎是瘋狂的。我沒傷害過美國；但他們對我做盡一切——他們就是如此創造出自己的瘋狂，我揭穿了他們。但他們沒有任何回應，因為我說的都是事實。那一百三十六項罪名是怎麼來的？即使我接受兩項罪名：我得因為那一百三十四項罪名受罰；判決階段不會這麼容易就中止。

一百三十四項罪名——你還需要什麼？那至少可以讓我在牢裡待一千年，所以我未來至少有四到五世得待在監獄中！他們無法保證；唯一要的就是我保持安靜。

在二十一個國家——當我的飛機抵達時，美國的飛機也會跟著抵達。在我的人聯絡到政府前，美國大使早已聯絡到總理和首相，並威脅他們。他們沒有對這些國家說我犯了什麼罪，因為這樣他們就得證明那些罪。他們只是直接威脅這些國家：「我們會停止貸款。所以你們可以選擇：立刻把奧修驅逐出境，或者付清貸款」——那有數十億元。「而且我們會中止未來所有的貸款」——也有數十億元——「我們之前答應的金額。」這些國家都是經濟上的奴隸；沒一個能承受這樣的風險。我穿梭這二十一個國家，同樣的故事只是不斷上演。

所以對於未來，我無法說什麼。我知道我的桑雅士很關心。他們在自己的國家努力嘗試，但政府不準備聽從任何有智慧的人。政府的運作方式完全不同：它只聽從既得利益者。

現在美國政府對印度政府施壓，不能讓我在這兒設立社區。政府開始破壞——我收到來自不同地方的傳票，那是政治上的操作。那些傳票的唯一原因是某個人的宗教情感被傷害了。所以我得到法院——南印度的法院、孟加拉的法院、喀什米爾的法院——只是為了騷擾我，從這個地方到另一個地方，這個法院到另一個法院。我將會勝訴。我已經贏了過去所有同樣原因起訴的案子，因為我說的一切都是真相。如果使你受傷，那就離開那個宗教，因為那些事實不是我捏造的，那些事實都在你們的經典中。

但那些事實違反了印度憲法。羅摩把燒融的鉛液倒入一個首陀羅的耳朵，只因為他聽到有人在念誦吠陀；躲在草叢裡面聽婆羅門念誦吠陀，那是個罪，以致於他的耳朵被毀了。這⋯⋯如果我說出來，那會傷到印度教徒的心。那他們就不要當印度教徒！這是奇怪的，因為那是你們的經典提到的；不是我創造的。而這違反了憲法；羅摩犯了罪。如果我說一個做了這樣不人道的事的人不可能是神聖的人，我只是在敘述事實。如果傷了你的心，那是你的問題。

我已經贏了很多案子。在某一天，我贏了一個在帕特納的案子；再更早幾天，贏了一個孟加拉的案子。但他們可以騷擾我。國會最近寄了⋯⋯我說過政客是智障，他們的心智年齡沒有超過十四歲；這使國會感到受辱。事實上這不是侮辱，而是讚美：多麼偉大的國會——我們把領導權交給了天真的小孩，聖人般的，因為這些智障不可能犯下任何罪。

他們寄了通知給我。我回覆了，我希望他們要求我到國會去，因為我想讓他們知道這只是事實。你可以詢問任何心理學家：所有人類的平均年齡是十四歲。他們得證明國會議員不是平均值；舉證責任是他們的。我是個受過訓練的心理學家。我當過九年的心理學教授；我可以測試所有國會議員，證明他們未滿十四歲。如果我錯了，我準備接受任何懲罰；但如果我是對的，那所有國會議員都要被收押。

但他們不會叫我去。他們知道——他們無法面對我。我認識他們所有人。他們沒有任何智慧或勇氣。

但他們可以用間接的方式。所以一群孟買的狂熱愛國主義者被德里的政客煽動：「去威脅、燒房子、扔石頭。」他們可以這麼做，但這只會證明我說的——他們是智障。如果他們不是，那就邀請我。

我沒有侮辱任何人。如果你生病了，如果你頭痛，醫生說你有頭痛的症狀，那表示你被侮辱嗎？你會因為醫生傷到你的感受而上法院嗎？因為他說你有頭痛？

我只是在敘述事實，十四歲是全人類的平均年齡。我不認為國會裡面有超人的存在，所以他們得證明。印度四十年的獨立只是證明了我說的，那沒有反駁我說的一切。

他們可以燒掉房子，但那只會證明我是對的：他們的行為就像白癡。

所以很難說我明天會在哪兒、會在哪個國家、哪個城市。連我的桑雅士也建議也許得待在輪船上，因為至少在海上，十二哩之外，不屬於任何人。也許我得住在船上。因為歐洲議會決定我的飛機不能降落在他們的機場。我不是要進入他們的國家；只是為了加油，但我的飛機不能降落在他們的機場。有一個國家甚至不讓我的飛機經過它的領空。

你認為你活在正常的世界嗎？

在瘋狂的世界，任何事都可能發生，一個人得面對現實，活過一個片刻是一個片刻。

所以我無法給你固定的計畫。我只能說我會對了自由對抗，言論的自由、個體的自由——為了你，為了那些想要擁有正常生活的人。無論這個對抗需要用什麼方式進行，無論這個對抗需要我去任何地方，我都會持續下去。

奧修，在每個場合中，如果我在心裡對你說：「謝謝你，奧修，」就會發生某件事。這

創造了我和頭腦之間的距離，我變得越來越輕盈，開始漂浮和飛翔。我不知道我會去哪兒。但請讓我一再的說：「謝謝你，奧修。」

當你突然碰到一個美麗的現象時，就會發生這樣的情況。那就是當你在心裡說：「謝謝你，奧修」時所發生的。

它不只是文字，而是你存在中的每根纖維所感受到的——那是感激。所以你會突然覺得輕盈的；所有頭腦的負擔——憂慮和緊張——消失了。你感覺彷彿你可以像雲一樣的浮在天空。你突然碰到一個方法，但卻對它一無所知。

那是個西藏的方法。已經被使用至少兩千年了。在西藏的僧院——如果你去那兒，你會驚訝——每個喇嘛，在一天當中，每當他在田裡或花園工作時遇到師父，他會彎身跪下，把頭放在師父的腳上：「謝謝你，師父。」，這是內在的，沒有講話。那是個感受，一個感激。

有時候弟子一天內會遇到師父十幾次。他會做十幾次同樣的動作；慢慢的，他察覺到那些片刻是最珍貴的。於是他會去找師父。但師父會對弟子說：「不需要觸碰我的腳。無論你在哪兒，只要朝著我所在的方向彎身跪下，懷著同樣的感激心，你會得到同樣的經驗。」

這是新的發現——剛開始他們以為事情的發生是因為師父；現在他們知道事情的發生是因為自己。焦點改變了。一旦他們發現到是自己的感激造成的，師父會說：「現在不用在意方向。所有的方向都是相同的。彎身跪下——任何方向都可以；只要記得那個感覺。」他們很驚訝：甚至不是因為師父所在的方向，因為所有方向都有同樣的經驗。

最後師父會說：「不需要每次都彎身跪下。問題只是在於感受。站著、坐著、睡覺、任何姿勢，如果你可以感到感激，你就會有輕盈的感受，寧靜的、無限的甜美包圍著你全身上下。」

你靠自己發現了某個方法；慶祝、享受它。越來越享受它，慢慢的，慢慢的，你就不需要在特定的時刻說出來。那會變成你的生命——坐著、站著、做著一千零一件事，但內心會一直感到感激。並不是特別感謝某個人。師父只是個藉口。對於初學者是適合的，因為沒有任何藉口會使他們有點尷尬。站在空無一物的房間裡說：「謝謝」，看起來有點尷尬。所以這只適合初學者，師父是個藉口——雖然你觸碰師父的腳並說：「謝謝你，師父」，但你是在空無一物的房間裡說謝謝。

師父是空。

越來越使用它，慢慢的，它會變成一個自然的現象，就像呼吸。然後它會帶給你壯麗的經驗。

奧修，很多你的桑雅士很高興聽到你說你是我們的朋友，但那對我而言是個大震撼。鍾愛的師父，是否可以請你談談師父—弟子的關係？

這有點複雜。你得非常仔細聽才能了解。

師父可以說：「我是你的朋友。」

弟子不能這麼說。弟子會說：「不，你是我的師父。」

但有些人是勉強當了弟子，他們寧願當師父。事實上，他們把成為弟子視為跳板，這樣他們有一天就能當師父——但他們的目標會是成為師父。所以當我宣稱我是你的朋友，這些勉強當了弟子的人會非常快樂，但真正的弟子會很震撼。

尼爾瓦諾哭著對我說：「不，奧修，不要這麼說。我無法想像自己是你的朋友。只是當你的弟子就已經很過分了。」這發生在很多人身上——真正的弟子感到震撼。虛假的弟子則非常高興；事實上，他們想要這樣，他們在等待它。

如果我對他們說：「我是你的弟子，你是師父。」他們會更高興。那才是他們真正想要的。因為當一個弟子的意思是拋棄你的自我，那是最困難的事。所以人們最多是隱藏它。與其要拋棄，他們寧願把它藏起來。每當有機會，它就會再次出現。

如果師父說：「我比你還神聖。」那他就不算是師父。他仍然待在你所待的自我之旅中。他是個政客，不是宗教人士。一個宗教人士不會認為自己是比較神聖的或優秀的。宗教人士只是直接消失；什麼都沒有留下，除了純粹的空。那是無法比較的。真正的師父只會說：「我是你的朋友——只是握著你的手，把你拉離你的黑暗，帶你走在正確的路上。」

真正的弟子，雖然他成道了，仍會是弟子般的。

據說當摩訶迦葉，禪宗的第一個祖師：他是佛陀的弟子，當他成道後，佛陀讓他離開，去幫助那些口渴的人、有需要的人——「散播那些話語，分享你得到的。」

摩訶迦葉說：「你騙了我。如果你以前說我成道後得離開你，那我寧願離開成道！因為成道是我的本性；我隨時可以達成它。但這是你的最後一世，我不會再見到那雙腳。成道永遠都在那兒，然而一旦你消失了，就沒有辦法見到你了。我要去哪兒找你、聽你說話、觸碰你？這是很大的欺騙。」

佛陀說：「但我得這麼做。我無法碰到每個口渴的人。你是我的雙手，我的雙眼。現在你是我的存在。去吧——我會跟你在一起。」

摩訶迦葉說：「有一個條件：我不在的時候，你不能死。除非我在場。其次，必須把你所在的方向告訴我，這樣我才能每天朝著那個方向跪拜。雖然你是遙遠的——我無法見到你——也許你可以看見我。我是否看得到你並不重要；重要的是你沒有忘了我。你是否在我的視線中並不重要；重要的是我在你的視線中。答應我這兩件事，我就離開。」

佛陀說：「你在要求奇怪的事，因為很難每天告訴你我在哪兒或我要去哪兒。其次，關於死亡——答應你除非你在場我才能死，那我也得為死亡做些安排——死亡得等待。你讓我很為難！我從未向誰提出任何要求，現在你強迫我要求死亡：等等，等摩訶迦葉來。」

但摩訶迦葉很堅持。他說：「那我就不離開。」

他離開了，因為佛陀答應了他；但那是個麻煩。得每天把佛陀的位置告訴他。他早晚都會跪在地上，雙眼流下喜悅的淚水——手上只有塵土，但他會觸碰它，彷佛他在觸碰佛陀的腳。人們會問他：「摩訶迦葉，你現在是師父了。你現在的行為像個弟子，這似乎不太對。」

摩訶迦葉說：「只要佛陀還活著，我就不會是師父，我只會是弟子。因為當個弟子是如此美麗；在師父的遮蔭下是如此涼爽和安全。當佛陀死了，我當然會是師父——在烈日下，不再有任何遮蔭幫我擋著。」

「不要阻止我，不要一再的提這個問題——因為你不了解，當一個弟子並不會在任何方面和當一個師父有差別。問題在於全然的。如果你全然的當個弟子，你就擁有師父所有的光芒、祝福和至幸；不會有任何差別。問題在於全然性。我怎麼能有一刻忘掉對佛陀的感激，沒有他，我還在黑暗中匍匐著。他如同一首歌、一支舞、一道光一樣的進入我的生命。他轉變了我，使我新生，使我是永恆的。」

佛陀將要涅槃的那天，第一件事就是通知摩訶迦葉。他對阿難說：「立刻叫摩訶迦葉回來，因為我不想要求死亡——我從未要求任何人。但摩訶迦葉：如果他無法在明天日出前趕回來，我就得要求死亡等待。」

信徒們到每個地方去找摩訶迦葉。他被找到了，並在正確的時間返回。佛陀微笑著說：「我知道你不會讓我失望，你不會讓我強迫死亡等待。現在死亡可以來到了。摩訶迦葉在這兒了。」

佛陀死在摩訶迦葉的膝上；他的頭靠在摩訶迦葉的膝上。那是很罕見的，因為有一萬個比丘在場。裡面至少有一百個人成道了。為什麼選擇摩訶迦葉？一直出現這樣的疑問：「為什麼選擇摩訶迦葉？」

舍利弗，另一個成道的弟子，他說：「他是唯一成為師父但又沒放下弟子身分的人。剩下的九十九個人都成為了師父，忘掉了自己的弟子身分。他是更豐富的；他是弟子和師父。和在場的每個人相比，他是更多的。」

摩訶迦葉因此成為其中一個最偉大的傳承的源頭，這不令人意外，那個源頭到現在還是充滿活力的——禪，比世界上其他的一切創造出更多的成道者。

第十八章
不要離開，往上爬！

奧修，我剛度過了一段深入心靈的時光，我的生命改變了，越來越了解到你的工作，想要在社區裡與你有更多的交融。這一切是怎麼發生的？

心靈上的變革，就某個角度來看，是非常單純的，但從另一個角度來看，也可以是非常複雜的。你必須了解這兩者，它的單純和複雜。

活在心靈層面的人會變成天真的。他就像個小孩。不是幼稚的，但他彷彿剛出生一樣，彷彿首次睜開雙眼。一切是更多采多姿的、夢一般的——甚至石頭也不是堅硬的，它們也如同有生氣的、有心跳的。在更深入的感受中，這個小孩般的天真使他卸下所有知識的負擔。他什麼都不知道。

這個什麼都不知道的狀態不是一般的無知。

一般的無知仍知道一些事；無論多無知，都會知道一些事。一般的無知之人知道的很少，但仍認為自己知道很多；他誇大他知道的知識。而他所謂的他的知識也不是他的——都是借來的、偷來的。他是小偷。他在吹噓那些不屬於他的，同時持續收集越來越多知識。他變得越來越博學多聞。那是無知之人的方式，持續變得越來越博學多聞。

無知之人最後變成了學者、拉比、主教、祭司、商羯羅——攜帶了大量的知識。沒有一點是他自己的經驗。他只是個鸚鵡，甚至更糟。

我聽說有個女人在寵物商店想要買鸚鵡。她被一隻看起來很紳士和友善的鸚鵡所吸引——狡猾的人看起來總是如此。牠如此嚴肅和虔誠的坐在那兒，以致於那個女人對店主人說：「我要這隻鸚鵡。」

店主人說：「請原諒我，女士；妳可以選擇任何鸚鵡，除了牠。」

那個女人因此更想要牠了。她說：「你為什麼不賣牠？不用擔心錢。我願意用任何代價買下牠。看看牠多麼虔誠和寧靜的坐在那兒——多麼優雅和美麗。不，我不要其它鸚鵡。」

店主人說：「既然妳堅持——但妳會後悔，因為那隻鸚鵡來自於一個很糟糕的地方。牠原本屬於一個妓女的，牠的虔誠、友善和紳士都是假的；牠是我這輩子看過的其中一隻最糟糕的鸚鵡。一旦牠講話，沒有任何髒話是牠講不出來的。妳被騙了。我仍然希望妳放棄。我沒問題；如果妳堅持，妳可以買下牠，但妳要承擔後果。不要來質問我。」

那女人說：「不用擔心。看看這隻鸚鵡，我可以改變牠。我連我的丈夫都改變了——何況一隻鸚鵡？你不了解我的丈夫⋯不用擔心；我知道如何改變人。過幾天，我會邀請你來——牠將會念誦可蘭經、聖經和薄迦梵歌。」

店主人說：「我不相信，但還是由妳決定。」

她買了那隻鸚鵡。回家路上，牠一直是嚴肅的、虔誠的、沒有任何惡作劇的跡象。事實上，當牠看到女人，牠會閉上眼睛；幾乎像個聖人。

女人說：「店主人似乎在說謊。這隻鸚鵡不但非常虔誠，牠還是個聖人！當女人經過，牠會閉上眼睛。」她非常高興。

她把鸚鵡安置在前一隻鸚鵡居住的地方——已經死了——她用床單蓋住鸚鵡。想要給她的丈夫一個驚喜：她找到了珍寶。

當丈夫回到家，看起來非常虔誠的、嚴肅的。她立刻把床單掀起來，但鸚鵡大喊：「哈囉，納斯魯丁！你太棒了——每天換不同的女人、不同的房間。你在哪兒找到她們的？——真美！」

納斯魯丁是個嫖客，常去嫖妓。妻子以為改變他了。沒錯，當他回到家，他是非常嚴肅的，開始念誦可蘭經——但鸚鵡拆穿了他。但牠也拆穿了自己！

女人很生氣。她說：「你為什麼一直這麼嚴肅，看起來這麼虔誠，看到女人時會閉上眼睛？你這騙子！我付了幾乎是一般鸚鵡三倍的價錢，我以為你是很神聖的。」

鸚鵡說：「妳不了解。我來自一個必須假裝是聖人但行為像罪人的地方。妳可以問妳的丈夫，問他為什麼看起來如此嚴肅、虔誠和神聖。」

人很會欺騙別人，以及他自己。

無知的人不想要被認為是無知的。他用許多知識包裝自己。但隨手可得的知識是非常廉價的。

進入真正的靈性的第一步就是拋棄所有的虛假，所有不屬於你的知識。擁有無知遠比擁有不屬於自己的知識還要珍貴。至少那是你的，真正屬於你的。

危險在於：當一個人成為有靈性的，會有一個階段來到，那時他會是赤裸的，他會失去所有知識。頭腦會試著說：「何必成為無知的？去收集那些你留下的垃圾。然後你就不只擁有了垃圾，那些老舊的；你也有些新的東西可以宣稱——你變成心靈導向的。」

活在心靈層面的人不會宣稱他是神聖的。

那個聲明會是不神聖的。

活在心靈層面的人只會說：「我不知道。面對這麼巨大無窮的宇宙，我是無知的、困惑的，我誰也不是，默默無名的。」否則神聖會變成神聖的自我。

如果你可以處在這個天真和無知的狀態，那一切會是單純的——任存在取用的、隨時準備愛的。以一顆單純的心，毫無知識的，天真的準備去接受一切，對人們敞開、對各種經驗敞開。那麼你將會成長。你會知道越來越多。

記住，我把知道和知識區分開來。

知識是死的。它在書、文字、理論、信條和教義裡面。知道是活生生的、呼吸的經驗。它不在書裡面。你無法透過可蘭經、聖經或薄迦梵歌知道。

你只能在你裡面找到知道。

沒人可以把它給你。在那個給予中，它就死了——它是如此脆弱的現象。如果你可以提供空間，裡面沒有充斥各種盲目的愚蠢觀念，你就能讓它在你裡面成長。

靈性是世界上最單純的現象；這是其中一面——一個人必須非常警覺。

它會持續加深；你永遠無法到底，它是深不可測的。但人的頭腦是如此愚蠢，只是有了一點點經驗就開始宣揚。你會說你經歷過一段心靈的時光。

沒人可以經歷過一段心靈的時光。

它不是隧道，讓你進入後抵達另一邊。

一個人只是淹沒在它裡面，而且持續淹沒。一個人只是消失了。然後會有一個片刻來到，那時不再有人在那兒宣揚，甚至無法說：「我不知道。」

這樣的寧靜，如此深邃的寧靜是心靈上的。

另一方面，那是個複雜的現象——不是因為它本身，而是因為你是在父母、社會、學校的陪伴下長大的。在你可以問任何和生命有關的重要問題之前，你已經被填滿了答案。

小孩沒詢問過神，但父母強迫他相信神創造了世界。這純粹是腐化他。小孩是天真的——他信任他的父母、兄弟姊妹、長輩和鄰居。他信任——他無法想像他們都在騙他。他不知道什麼是欺騙。他們都愛著他，怎麼可能會騙他？這就是複雜的地方……

關於最終的實相，每個人都在說謊，對它一無所知。沒有經驗過，他們都在用垃圾填塞自己的小孩——那將會妨礙他的發展、他的意識的純粹。那是非常無意識的愛。他們不知道自己在做什麼。他們的父母也這樣對待他們，他們只是在重複它。

每個世代用這樣的方式把所有疾病傳給下一代。好幾世紀來，各種愚蠢的觀念仍然盛行著、存在著，因為人們相信它們。他們準備為了那些觀念而死，準備為了那些觀念殺人，而那些觀念只是虛構的。

複雜的地方在於，小孩必須和無意識的人生活在一起——而他們只會造成傷害。他們注定會把自己的想法灌輸給他，即使知道自己的想法無法幫助他，自己的想法和觀念無法使他解脫。但他們仍然認為有總比沒有好：「也許我們不夠努力，也許是我們沒依照自己的觀念要求自己。我們的觀念沒錯，是我們錯了。」

但事實剛好相反：那些觀念是錯的。一旦那些觀念植入到小孩的腦中，它們就變成他智慧的基礎，他的智力發展。這就是造成複雜的原因，而且只會越來越複雜。

在過去，印度教徒只會被填塞印度教的迷信；他對猶太教一無所知，他對孔子的思想體系一無所知。他不知道世界上的其它人在想什麼。他活在自己小小的井中，在那兒，每個人的想法都差不多。但現在，那些井消失了。

現在，印度教徒知道回教徒、基督教徒、猶太教徒的思想；那個複雜性變成了千倍之多。他不只知道有神論者的思想體系，他也知道無神論者、共產主義者、不可知論者的思想體系。他的頭腦呼嘯著互相矛盾的想法，充斥著各種想法，互相反對彼此。他因此變成跛腳的，無法做任何事——因為無論他想做什麼，總會有個想法說那是不對的。

如果他想成為素食者：二十五世紀來，耆那教和佛教一直是素食者。沒有任何耆那教徒想過他可以是非素食者，但現在問題來了。沒有一個素食者得過諾貝爾獎——奇怪。你有最純粹的頭腦；那些葷食者的腦袋是厚重的。你純粹是蔬菜——甘藍菜、花椰菜、美麗的蔬菜——但沒有素食者得過諾貝爾獎。奇怪。但葷食者……

印度教徒不吃牛肉；猶太教徒吃牛肉，有百分之四十的諾貝爾獎得主是猶太教徒。這是無法理解的，以人數來看是不合比例的。而且他們吃牛肉！問題來了。沒有素食者得過諾貝爾獎，因為沒有任何蔬菜可以提供某種只有肉可以給予的蛋白質。

我找到了一個替代方案。在我的社區：那是個素食的社區，但我讓他們提供沒有受精的蛋。它們是蔬菜，因為它們沒有任何生命——但它們可以提供智力成長所需要的蛋白質。

現在，素食者因此很反對我。他們想殺了我——雖然他們是素食者。他們不想殺任何人，但提到我，他們準備要殺掉我：「這個人教人們吃蛋。」他們不了解一個簡單的事實：未受精的蛋不是活的，它純粹是蛋白質。可以讓素食更完整、更有競爭力；事實上，它可以比肉類提供更多的蛋白質，特別是智力需要的蛋白質。

當你被各種想法圍繞著，就一定會產生懷疑。

世界上所有的宗教信仰都是奠基於每個人的想法。宗教被稱為信仰並不是巧合；它們都以信仰為基礎。在過去，不懷疑是對的，因為每個人都有同樣的信仰。很難懷疑；只有很少人、有天賦的人或天才會懷疑。但現在，情況不同了。

回教徒說神創造了世界，而神創造了所有的動物讓人食用。基督教徒和猶太教徒也相信動物是食物：就像蔬果，動物也是讓人們吃的。它們都是被創造出來讓人食用的。世界上有一半的人是基督教徒；第二大宗教則是回教徒；兩個最大的宗教，有無數人都這麼相信。

對於那些人：認為動物不是用來吃的；那是冷酷的、醜陋的、無美感的；那會降低你的層次；那是不人性的；這自然會使他們的腦中產生懷疑。這個懷疑是有意義的——因為耶穌吃肉、穆罕默德吃肉、摩西吃肉、拉瑪克里虛納吃魚，但他們仍然達到了那個最終的。對於那些被告知吃肉會讓意識無法成長的人而言，腦中一定會產生這樣的懷疑。

到處都有這樣的問題。例如，耆那教不相信神的存在。耆那教裡面沒有神；佛教裡面沒有神——東方的兩大宗教都沒有神的存在。耆那教和佛教以外的宗教一直認為神是宗教的中心。宗教怎麼會沒有神？——懷疑產生了。

全亞洲都是佛教徒。佛教徒的小孩不會問：「誰創造了世界？」奇怪⋯這麼多小孩；沒有一個問過誰創造了世界。因為沒有創造者，所以關於創造的問題是沒意義的。世界一直存在，它是永恆的。因此創造者和被創造物的觀念是愚蠢的。對於那些相信神是宗教的中心的人而言，這會動搖他們的信仰。

幾乎每個人的信仰都動搖了，因為他們可以看到沒有相同信仰的人，擁有完全相反的信仰體系的人，日子一樣過得很好——也許甚至更好。

不認為神存在的佛教徒比其它相信神的存在的人過著更好的日子。理由很明顯——因為神不存在，責任在你身上。你無法向神祈禱，因為所有祈禱都是無意義的。只有你的行為能決定，不是祈禱。祈禱是無能的人的方式，他將無法做好任何事。他只是一邊過日子一邊祈禱神幫助他：「神是存在的，祂是慈悲的——和祂的慈悲相比，我是如此渺小的罪人——所以我不用擔心。」

奧瑪凱嚴，其中一個最偉大的詩人，他說無論你想喝多少酒都沒問題，任何說「停止喝酒，那是個罪」的人是在使你懷疑神。他的邏輯很奇怪，但卻很明確。他的意思是：「神是慈悲的，如果我沒犯任何罪，那表示我在懷疑神的慈悲。讓我犯各種罪——因為我信任祂，我相信神是慈悲的。祂會原諒我。」

他是個偉大的思想家。他說試著做一個有道德的人表示你認為神不會原諒你。也許是無意識的，相信神的人並沒有比不相信神的人過著更合乎道德的生活。因為如果神不存在，你就得過著合乎道德的生活。你不能依賴任何人的慈悲；只有你的行為能有收穫。所以無論你打算做什麼，你得為結果負責。你是原因，也是結果。因此佛教徒和耆那教徒——那些不相信神是存在的——比那些相信神的人過著更合乎道德的生活。這真奇怪……

這一切——因為世界變小了；所有信仰不再是不為人知的，每個人都能接觸到——造成了頭腦很大的困惑。無數的矛盾成了頭腦的負擔。

我聽說蜈蚣，有一百隻腳的小動物，正在晨間散步。有隻小兔子感到困惑，牠有一個哲學家的頭腦，牠心想：「這傢伙如何控制一百隻腳的？牠如何知道哪隻腳先走？哪隻腳第二個走？哪隻腳第三個走？一百隻腳，我的天！」

牠攔住了蜈蚣說：「大叔，請原諒我打擾你的晨間散步，但我是個哲學家，我有一個只有你才能解決的問題。」

蜈蚣說：「什麼問題？」

牠說：「看到你的一百隻腳，我很困惑你怎麼做到的，你怎麼記得哪隻腳先走？哪隻腳第二個走？哪隻腳第三個走？一直到第一百隻腳。」

蜈蚣說：「我沒想過。我從小就這樣行走——從沒想過這個問題。也許我不是哲學家吧。但我會試著找到答案。你在樹下等著，我一邊走一邊觀察。」

沒多久牠就倒在地上，因為一直數著一百隻腳，然後一隻接著一隻的記得它們：牠被自己絆倒了，一團混亂。牠對兔子感到很憤怒。

牠說：「聽著，永遠不要對一隻蜈蚣問這樣的問題。我們只要不擔心這個問題就能過得很好。我原本很快樂的晨間散步，現在我無法走路了。我得回家休息。你帶給我這麼麻煩的問題——然後自己看起來很無辜！但記住，這類的問題請留給自己。」

就某方面而言，這些信仰進行的很順利，因為沒人質問過。然後所有的界線突然被打破了。世界變成了一體的。

任何有智慧的人都知道所有理論都是虛構的。現在，需要一個全新的方法。所有的舊方法都過時了。信仰變成過時的。

你必須扔掉所有你接收到的資訊，所有社會和學校灌輸給你的。

我曾經在大學任教過，那兒有一個科系：比較宗教學。我問那個科系的教授：「如果你真的在比較宗教，你會發瘋。它們都是虛構的。和其中一種一起生活是一回事——你是自在的、確定的。它也許是假的，但你是確定的。但比較宗教：如果你開始比較，世界上有三百個宗教。你會發瘋。」

那個科系有四個教授，但沒有任何學生。我說：「這很正常！」最後它被迫結束授課——因為比較宗教：我是哲學系教授，我對那些學生說：「如果你想要發瘋，可以去上比較宗教學。記住蜈蚣的情況——你的頭腦和內在也會那樣。你會感到一團混亂。」你不能比較。虛構的東西不能被比較。

事實上，記住，所有資訊對於心靈成長都是有害的。

需要的是轉變，不是資訊。

所以一方面，扔掉你接收到的所有資訊——你持續接收的。另一方面，變得越來越單純，接受一個基本的事實，你是無知的。那沒有任何錯；無知只是天真的另一個名字。你的心靈會透過你的天真成長，不是知識。有一天，天真會變成知道，但它永遠不會變成知識。

你問我可以怎麼幫助你。

我說出來的每個字都是在幫助你。我的每個呼吸都是在幫助你。我的工作是單純的。如果你準備要扔掉知識，這個你經歷一段心靈時光的想法：扔掉這類的胡扯。

就在某一天，有一個我沒回答的問題，因為時間到了。那個問題是美麗的。某個桑雅士提出的——「奧修，我仍然抓著樹枝。我仍是隻猴子。幫我離開，以便我能進化成人。」

我的建議是，不要離開。我試著教人們如何爬樹。只要待在那兒靜心，那是你能找到的最棒的地方。那些離開它的人都處於一個糟糕的狀態。他們沒有進化，只是少了一點東西——尾巴，一個美麗的東西。他們失去了猴子的力氣，但他們仍是猴子。半心半意的猴子。他們沒有變成人。他們仍然處於分裂中：無法回到樹上，也不知道如何在陸地上生活。他們正準備一個全球性核子自裁，因為生命似乎是無意義的，一個人自殺似乎有點過時；何不來個全球性的自殺？也許只有猴子會活下來。

所以對於那個仍待在樹上的桑雅士，我要說：「請待在那兒靜心。那些離開它的人只是迷失了；他們什麼都沒得到。你們這些待在樹上的人不屬於任何國家——可以從印度到巴基斯坦，不需要任何護照或簽證。你們擁有更多的自由，言論的自由。」

沒有任何法院會把猴子拖進去：「你做了某件事，傷害了某些人的宗教感情。」但他們每天都在做各種令人髮指的事情。而且如果核戰爆發，誰來重建世界？我那些待在樹上的猴子們可以問牠們的女友：「妳怎麼說？我們該重新開始嗎？」得有某個人重建它。不要離開，往上爬！

我做的一切是為了幫助你進化，變得更平和、更寧靜、更有愛心、更慈悲——非常單純的特質。

我不要求你遵從偉大的戒律——每天用頭倒立十二個小時，或者每年禁食二十一天。我不要求你做任何苦行。我只要求你在平凡的事物中享受。無論你在吃什麼，喜悅的吃；無論你的朋友是誰，享受你們的友誼。

無論生命給了你什麼，永遠不要抱怨。那一直是超過你所需要的。要總是感激的。

如果你可以學到感激，你的進化會自行發生。

奧修，和你分開時的感覺是否和對死亡的恐懼有關？

是的。和我在一起，你嚐到某個屬於生命的。和我在一起，你經驗到存在的詩意、舞動和音樂。

當你獨自一人，你的頭腦無法處於同樣的狀態——你會回到原本嘮叨的頭腦狀態。你會忘掉平和、美、舞動和歌聲。

和我分開，你確實感受到某種死亡。如果和我在一起，你感受到某種生命——一個你想要一天二十四小時都這樣度過的生命——所以當你和我分開，你自然會害怕。一方面，那是一種死亡的感覺，另一方面，你也害怕自己的死亡——因為透過和我在一起，你知道生命可以是一個永恆的經驗。

我給你的名字是阿立托：意思是「永恆」。那表示生命可以變成一個永恆的經驗。當我不在，你再次感受到黑暗的聚集，還有恐懼——死亡一直在接近，而你還沒經驗到那個永恆的。和我在一起，黑暗消失了，你忘掉了死亡。這個當下，生命變得如此全然和強烈，以致於如果這時候有人問你，你會說死亡不存在。

但獨自一人，你就像迷失的小孩，被黑暗壟罩著，感到恐懼。死亡會來到。你無法避開。它何時來並不重要；它終究會來。而你還沒經驗到彼岸。有時候和我分開是好的，你可以試著經驗所有和我在一起所經驗到的——因為我沒做任何事，我只是個藉口。事情發生在你身上；所以沒有我也可以發生。我的人不用依賴我。你可以嚐到它，你可以經驗到它，那使你確信和肯定；然後你就得獨自走自己的路。

所以每當你是單獨的，試著經驗到同樣的特質、強度和寧靜。一開始是困難的，但不是不可能。一旦你可以在你的單獨中感受到，你就變成一個獨立的個體。對我而言，這是生命中最有幫助的經驗——成為一個完全獨立的個體。

然後生命中所有的奧秘和美都會是你的。

奧修，師父說，弟子聽。在那之中所發生但又沒說出來的是什麼？

師父說，弟子聽——但還有很多是師父沒說出來而弟子有聆聽到的。

事實上，那就是成為一個弟子的奧秘。

如果你只有聽到那些被說出來的，那你是個學生。你聆聽到文字，你錯過非文字的。一旦你開始聆聽那些非文字的，你就進入了弟子的狀態。

師父在說話。他自然得使用文字，但他也創造了文字間的間隔。他也使用了非文字的。他在談某件事，同時也指出某個無法說出來的——但它可以被聽見。

如果弟子是寧靜的，他會聽到文字，也會聆聽到非文字的；他會聆聽到被說出來的，也會聆聽到沒說出來但又被傳達的。

你問它是什麼。

那是師父的存在，是他的心、他的心跳、他的存在。

文字只是他使用的玩具，以便你被占據，但真正發生的是他想要和你的存在有一個交融。如果你是寧靜的，只是聆聽，交融會發生。是師父的成道、光和喜悅——那是他想要分享的寶藏。

過去所有偉大的師父中，只有馬哈維亞認可了聆聽的美。那是他偉大的貢獻。世界對他了解不多——應該更深入了解他。不幸的，他和佛陀是同一時代的人，因為佛陀是如此非凡，他的影響是如此巨大，以致於馬哈維亞被忽略了。

但馬哈維亞有他的貢獻。他不是很有吸引力；所以影響有限。即使在今日，二十五世紀後，耆那教徒仍不到三百五十萬人。如果他改變了一、兩個人的信仰——特別是印度人——他們就能在二千五百年內輕鬆的創造出三百五十萬個信徒。

但他是一個完全不同的人，有自己的獨特性。因為他對人們的影響不大，以致於他的貢獻沒有得到世界應給予的讚美。

他其中一個偉大的貢獻是聆聽的價值。他說有兩種方式可以達到最終的：一個是shravaka，另一個是sadhu。前者的意思是一個知道如何聆聽的人，後者的意思是一個透過苦行規範自己的人。Sadhu的方式是漫長艱辛的。Shravaka的方式，聆聽者的方式，是簡單的，一條捷徑——需要的是他不能只是聽，他必須聆聽。聽是簡單的：因為你有耳朵，你可以聽。為什麼要區分「聽」和「聆聽」？——應該一個就夠了。但並非如此。

聽對每個人而言是可以做到的；聆聽則只有那些寧靜的人才可能做到。

你可以用自己嘮叨的頭腦聽；它將不會聆聽。但如果你的頭腦是寧靜的、鎮定的、安靜的，你內在的一切是寂靜的，師父的話將能進入你，它會帶入多於它的——某個不在文字中的，而是在他周圍的——非文字的。

話語來自於師父的心。不是來自他的頭腦，而是他的存在；如果你是敞開的、有接受性的，那會進入你的存在。這個連結、這個交融，就是師父和弟子之間所傳達的。

奧修，什麼是「心靈娛樂」？

除非你和師父有一個深入的交融，否則其它以心靈的名義持續進行的一切都只是心靈娛樂。

你們的寺廟、謁師所、清真寺和教堂中進行的一切都只是娛樂。人們去了一輩子的教堂，但沒有任何事發生在他們身上。人們去謁師所，但沒有任何改變。他們進入了謁師所，離開後仍然一樣——就像去電影院，離開後仍然一樣，只是個娛樂。而這對於自我是很大的滿足。去電影院不會滿足自我，但去寺廟或教堂是非常滿足自我的。但你在那兒做什麼？你的生命沒有任何改變。人們的一生都在這樣做——沒有轉變，他們的心甚至沒有一點變化。那是娛樂，沒別的了。

我聽說有三個拉比在談論他們的謁師所。第一個拉比說：「我的謁師所是最時髦的。我們不是守舊的。人們可以在裡面抽菸、喝酒和玩樂。由於我們允許抽菸和喝酒，所以它是擠滿人的；否則過去只有幾個老女人在。也不需要對他們講道，因為沒人在聽，他們都在講八卦——而不是討論教義。」

第二個拉比說：「這不算什麼。我們做得比這更好，你還活在牛車時代。」

第一個拉比說：「什麼？你說我活在牛車時代，那你做了什麼？」

他說：「在我的謁師所，那些事都是可以做的。我們甚至允許人們帶男友或女友來——跳舞、做愛、任何事。人是如此多以致於都在外面排隊了。以前的人從沒有這麼虔誠。」

第三個拉比說：「你們講的都是陳年舊事。你們不知道時髦的意思。我的謁師所是最時髦的。」

他們說：「你還能做什麼？我們已經做了一切。」

第三個拉比說：「在我的謁師所中，會在每個猶太節日公告：因猶太節日休假一天——這樣人們就能來玩樂。何必限制他們？那是猶太節日，不會有人來。不需要。假日就應該是假日，猶太節日就應該是猶太節日。所以他們可以做各種事：何必限定只能在某個地方？我的謁師所是最時髦的。」

這就是每個教堂和寺廟中所發生的。人們為了錯誤的理由去那兒——他們一定會這樣，因為沒有人在那兒分享他的存在、他的光、他的成長。這些拉比、學者和教士都淹沒在黑暗中，跟你一樣無意識。

我聽說：某個禮拜天，在一個天主教教堂中，神父正在接受告解。他們有個小房間，後面有個小窗子，神父坐在裡面，人們坐在窗子的另一邊。人們懺悔，然後神父給予懲罰。

神父和一個拉比是很好的朋友，他們約好去打高爾夫。拉比完成工作後趕到教堂。當他到了那兒，告解還在進行，很多人在排隊。他進了小房間對神父說：「我們要遲到了！」

他說：「你做件事。我去換衣服和做些準備——你坐在這兒接受告解。」

拉比說：「但我以前從未做過！我們沒有這樣的工作。」

神父說：「只要照我做的——我做幾個示範。」

款。

第一個人進來了，神父說：「五元罰款。」那人給了五元；第二個人進來了——十元罰款。

拉比說：「我的天，我們以為你們進行的一切是神聖的。這根本是交易！我也要在我的講師所裡面弄個告解室。這是欺騙！你去吧，我來處理。沒問題了。我原本以為你得給他們心靈上的指導，而且也許會有人聽出聲音不同……」

第三個人進來了，他說：「我很抱歉，但能怎麼辦？那變成習慣了——我強姦了一個女人。」

拉比說：「二十元。」

那個人說：「二十元？」但他還是給了二十元，他說：「我上次強姦一個女人，你只要求十元。漲太多了。」

拉比說：「十元是預付款——你可以再強姦一個女人。滾出去，別浪費我的時間。」

除非你和師父處於交融的狀態，否則其它的一切都是娛樂。你可以說它是心靈上的，使你的自我有很深的滿足，但那什麼都不是。它會腐化你、剝削你、欺騙你、摧毀你。

第十九章
責任：自由的第一步

奧修，我的了解是：你存在，我們不存在，或者更準確的說，你不存在，我們仍然存在。師徒關係似乎是你的慈悲，用好聽的話描述的，實際上是我們的失敗，沒有去聽你說的——更頻繁的、更仔細的、更有愛心的，過去從沒有弟子有過這樣的祝福。如果這個過程有任何問題，那只會是我們造成的——這是不可否認的、無法否定的，完全是我們的錯。

奧修，第一步不是應該接受我們的責任而不對你投射我們的期待嗎？

責任一直是自由的第一步。

把責任丟給某個人就是扔掉自由的機會。你無法把它們分開，它們是同一件事。所有責任都是弟子的——師父只是一個催化劑，一個藉口。接受責任需要膽量——每個人都想要自由，但沒人想要責任。問題在於它們一直是同時來到的。如果你不想要責任，你就會陷入某種形式的奴役中。

奴役可以是心靈上的——那是最糟糕的奴役。政治上的奴役或經濟上的奴役都是表面上的；你可以很輕易的反對它們。但心靈上的奴役是非常深入的，以致於甚至連反對它的想法都不會出現，因為那個奴役是你要求的。其它的奴役是強加於你的；你可以把它們扔掉，它們是不利於你的。但這個奴役，心靈的奴役，看起來不是不利於你的，而是一個很大的安慰——你的責任可以被某個知道的人拿走；現在你不用擔心了。但你也因此失去自由了。

每個期待都是個束縛；它遲早會導致挫折。它注定會成為挫折——沒有任何期待可以滿足你，因為沒有人有責任滿足你的期待。

師徒關係不是屬於期待的關係。期待是摧毀所有關係的毒藥。一旦有期待，你的愛就會變成恨，友誼就會變成敵意。

期待的魔力使美麗的一切變成醜陋的。

但你的一生是充滿期待的。你的頭腦只了解期待。因此，當你來到師父面前，你的頭腦有它的期待、習慣和舊制約。而且有的人會假裝是一個師父。必須把這個當成標準：如果有任何人準備要滿足你的期待，那他不是一個師父，他只是在剝削你。

沒有師父會說：「我準備要滿足你的期待。」他只會說：「我準備要摧毀你所有的期待」——因為除非你的期待被摧毀了，否則就無法摧毀你老舊腐朽的頭腦、就無法移除阻礙你的成長的舊習慣。

真正的師父不會承擔所有責任。那是很奇怪的；你想的剛好相反，你認為慈悲的師父必需接受你的期待並試著滿足它們。

事實上，只有騙子——最多是一個老師——能夠因為成為一個救世主、先知、彌賽亞的想法而感覺良好。只有一個利用你的弱點的人會對你說：「只要相信我，你就被拯救了」——成為一個基督教徒，你就被拯救了，成為一個印度教徒，你就被拯救了；把你的所有責任交給克理虛納或基督，你就會被拯救。那似乎很廉價、很簡單；你什麼都沒失去，然後得到了一切。

那就是為什麼像耶穌這樣的人會對你說：「我是牧羊人，你是我的羊。」沒有一個人站出來反對他——「你在說什麼？你侮辱了我們的人性。你是牧羊人，而我們是羊！」但兩千年來，沒有一個基督教徒舉手說「我不準備變成羊」——因為他準備要被侮辱，因為耶穌說：「如果你是我的羊，我就會拯救你。你什麼都不用做，只要當一隻羊。」沒有人想過把人貶成羊不是在拯救他們，而是在摧毀他們。你摧毀了他們的完整性和自尊，使他們變成奴隸。

而承諾就是死後可以上天堂。

沒有人回來說這些救世主是在幫助人還是在騙人、剝削人、摧毀人的尊嚴。但你很高興，因為這些責任都被他們拿走了。這個交易還不賴：你只要當隻羊、一個信徒。你只要成為跟隨者。你不用成為自己，你必須只是一個影子。你不用單獨靠自己走；你必須跟著腳印。

紀伯倫有一個美麗的故事。

有個人到處教導：「我是救世主。任何準備好的人可以跟隨我。」但人們有很多別的事要做——某人要結婚了、某人的老婆懷孕了、某人的父親死了、某人的生意快破產了。人們心想：「總有一天，當一切都解決了，我們會跟隨；現在沒辦法。」

那個人從這個村莊到另一個村莊、從這個城市到另一個城市：「我是救世主。任何想被拯救的人，只要跟隨我。」人們聽他說話，沒人反對——因為那個人說：「如果你有任何懷疑，只要跟隨我，你會知道自己將被拯救」——但每個人都很忙。

生命是如此複雜以致於它永遠無法安定下來。有一千零一件事一直是未完成的。如果要死亡等你完成所有事，那永遠不會有人死掉。

但死亡逕自來到，甚至不會提前通知。你終將留下每件事都是未完成的。

如果交由你自己選擇，你會想先清除生活中的一切混亂——但那是你永遠無法清除完的，因為你是始作俑者。你甚至會在清除的過程中製造更多混亂——因為透過清除，你有了更多時間，又去創造更愚蠢的狀況。你會愛上鄰居的妻子——一個妻子就夠混亂了，現在有兩個女人。

而且生命是如此無常，沒人知道下一刻會發生什麼事。

所以這個人一直是救世主，變得非常著名——因為沒人準備要立刻跟隨他。

但他在一個城市遇到了麻煩。有個年輕人，一直是個搗蛋鬼，他站了起來說：「我會跟隨你。」

救世主看著他，發覺麻煩來了。他並不知道拯救的意思——但他得保全自己的面子。他說：「孩子，來吧。」

他說：「我來了，我會跟著你，直到我死。」他很年輕健康——壯碩的身材——而救世主年紀大了。隨著日子過去，救世主無法入睡，因為他擔心：年輕人睡得很熟，大聲的打呼著。他把所有責任丟給老人了。月亮升起又降下，月復一月。

老人幾乎快發瘋了，因為這個年輕人像影子一樣一直跟著他。他甚至無法講道，因為他現在很害怕——這個人到處對人說：「我跟了他四年：他還沒拯救我。所以做好準備，這是個漫長的旅程。」

老人對他說：「你是我的跟隨者，不該說這樣的話。」

他說：「我沒說謊。四年過去了——沒有任何事發生；只有你在四年內變得像老了二十歲。過去那些身為救世主的生命力和喜悅都消失了。但我會一直跟隨你，直到我死！」

老人說：「等到你死——我在那之前就掛掉了！」

六年過去了。老人因為擔憂變得骨瘦如柴。看著年輕人整天跟著，他終於受不了而昏倒。年輕人在旁伺候，直到他恢復意識。年輕人說：「怎麼回事？你是要拯救我的，自己卻昏倒了。」

老人說：「原諒我。我不是救世主，我完全不知道那是什麼。只是因為我沒工作，而這個救世主的行業不需要任何執照。我試過，成功了，因為沒人會跟隨。你摧毀了我的生意——

你害死我了！你是如此固執。我以為你一、兩年後就會離開了，但你如此堅定，六年過去了。現在毫無疑問——除非我死了，否則你不會離開。」

「所以最好對你說實話：請離開我。我對這個工作一無所知。我只是聽過一些術語——救世主、天堂、跟隨——但我沒有任何經驗。而這些也因為你的跟隨都忘光了。你像個鬼魂跟著我，一天二十四小時不斷折磨我，而我不知道怎麼辦——要拿你怎麼辦？你每早都在運動，變得越來越強壯——救世主將會死去，跟隨者則變得越來越強壯。」

他說：「我變強壯是為了當你要拯救我的時候，我會是處於最好的狀態。骨瘦如柴的進入天堂不太對。那就是你的狀況，如果我是你，我寧願去地獄，而不是天堂——你去照照鏡子！」

那人說：「我知道，但這是因為你。在你跟隨我之前，我知道怎麼進入天堂。六年的陪伴太過分了；我現在完全忘掉怎麼進入天堂了，不知道天堂在哪兒了，不知道天堂是否還存在。而且我無法去任何地方；我的羊群在每個村莊等著要聆聽我的訊息。但我做不到，因為你會對他們說你跟了我六年，什麼事都沒發生。你還是離開我吧。」

年輕人說：「我可以離開你，但你得答應我一個條件——你得停止拯救別人。」

他說：「我早已停止了；我的羊群已經去跟隨其它救世主了。請你仁慈點，去跟隨別人吧。我有很多競爭者——如果你能把對我做的一切也對那些競爭者這麼做，那對我會是莫大的恩典。阻止他們。因為沒人知道什麼是天堂。」

好幾世紀來，自有人類以來，人性的弱點就一直被利用。其中一個最大的弱點就是人想要免費擁有東西。如果只要相信神的存在就能上天堂——或者某個救世主是對的救世主——不用付出任何東西，還能得到一切。雖然你可能什麼都得不到，但至少你可以活在希望中……

你們所有的宗教領袖都在給你希望。

馬克斯常說宗教是人民的鴉片，但他沒更深入。那個鴉片是什麼？——希望。他們給你希望。他們準備免費給你一切。只要擁有信念：把責任交給他們。但你沒意識到，一旦你把責任交給他們，你也給了你的自由。

他們在意的是你的自由。但他們不會對你談論自由。他們不會說：「交出你的自由，」因為沒人準備放棄自己的自由。那是個狡猾的生意：他們會說：「把責任交給我」——而責任似乎是個重擔，所以如果有人要拿走，那很好。但你沒意識到你的自由也會隨著你的責任一起離開。你變成了奴隸。

人類被不同的人奴役著，但奴役是相同的。

真正的師父不會拿走任何責任。

所以真正的師父不會有很多跟隨者——因為誰會跟隨一個不準備拿走你的責任的人，誰會跟隨不給你任何鴉片或希望的人？相反的，他拿走你所有的希望和藥物，你所有的鴉片，並試著使你盡可能的乾淨、純粹和天真。

真正的師父會給予自由。他堅持你必須是自由的，完全的自由——但你害怕自由。

去觀察頭腦的運作方式。你不會想要自由。如果你仔細觀察它，你會發現你的恐懼。你會害怕自由，因為那表示你得靠自己，獨自一人的。而人們很怕單獨。他們認為如果有兩個人……印度有個諺語說兩個人勝過一個人。為什麼？一個人是單獨的；單獨會創造出各種恐懼。你開始直接面對存在。

你一定看過獨自走在路上的人：他們會自言自語，只是為了創造出有人陪著他們的幻象。

我曾經住在某間小巷內的房子，非常偏僻，晚上會很暗。我看過人們大聲的自言自語，我很驚訝——怎麼回事？不只一個人，而是任何經過的人都會快步經過和大聲說話。

我有個老師住在巷子的對面。某個晚上我抓著他的手站在巷子中間。他說：「不要——不要在這兒！不要打擾我。你可以來我住的地方，或者明早，我們再討論，但這兒不適合討論事情。」

我說：「我在這兒，你並不是一個人。」

他說：「你不了解……不要浪費我的時間，不要打擾我。」

我說：「你得在這兒回答我——你為什麼走到這條巷子時會自言自語？你跟誰說話？」

他說：「跟誰？——任何想像的。我會念誦咒語；那會給我勇氣。而且我會跑很快，因為這條巷子不只偏僻，大家都知道這裡鬧鬼。」

人為什麼會害怕單獨？即使你和某人在一起，那也只是兩份單獨；不會這樣就使你比較不害怕。你應該會更害怕——單獨被加倍了。在這之前，你都是自己一個人睡。現在你的妻子也在那兒——兩份單獨，更加危險！但人們覺得好多了，因為不再是單獨的。

待在群眾中並不表示你的單獨就會消失。它還在那兒。

當你把責任丟給某人也是一樣的情況：你以為責任消失了，由某個人負責。但那不可能。還是你要負責。沒有責任，你是不存在的。只有死人沒有責任。活著時…當你越是活生生的，你就有更大的責任，你就需要更多的自由——去行動、去創造、去成為。

你為什麼害怕？你害怕是因為你似乎太渺小了，好幾世紀來被投射而形成的目標太難達到了。

人如此渺小…而目標是上天堂。他不知道怎麼做到。他對天堂一無所知，它是否存在。他一直被塑造去害怕地獄，他必須避開地獄。他不知道該要求什麼。要如何避開？——因為他對地獄一無所知，不知道它在哪兒。如果你知道，你就能避開。

你自然會背負著遠大的目標，那個虛假的，你必須把責任丟給某個假裝知道的人。

我在蘇拉特時，曾和一個信仰回教的友人住在一起。回教有一個小支派，和卓派；那是最富有的回教支派。當我住在那兒時，不期然的知道了一個奇怪的儀式——因為蘇拉特是他們的總部；他們的總教士住在那兒。

你必須給…當某人死了，他必須立下遺囑，捐贈五萬盧比給教士，因為教士有一個神的專線——沒有總機或媒介。你把錢捐給教士，教士會給你一張收據，那張收據會跟死人一起下葬。他必須把那張收據交給神，然後他會立刻收到五萬盧比——一個簡單的金錢交易。人們一直在這樣做！那個總教士一定是這個國家其中一個最富有的人，因為所有錢都進了他的口袋。

我問我的朋友：「你的父親死了；你捐了多少錢？」

他說：「這事關名譽。我得捐十五萬盧比；那是有史以來最高的捐贈金額。」他的父親在幾天前死了；所以我去看他。

我說：「你覺得你的父親現在收到錢了嗎？」

他說：「當然。」

我說：「那我們今晚得去一趟墓地。」

他說：「要做什麼？」

我說：「我要挖開墳墓，看看那張收據是否還在。」

他說：「但沒人這樣做過。」

我說：「你是受過教育的人⋯如果收據還在，表示你的父親沒拿到錢。」

他說：「那很合乎邏輯。」

「然後我們就拿著收據去找教士，把十五萬盧比要回來——記得給我佣金。」

他說：「你真不是一般人！你先是要我做某件褻瀆宗教的事，挖墳墓⋯」

我說：「你必須理性看待這件事。跟我去。」然後我們出發了。他用發著抖的手挖開了墳墓，而收據還在裡面。我說：「把收據拿走。」

那時是半夜，我說：「時間剛好。我們去找教士。」

他說：「不要製造麻煩。我知道我們被騙了。」

我說：「這樣還不夠；我們應該讓教士停止剝削人們。」

他說：「我不想陷入麻煩。」

我說：「如果你不去，我自己去。把收據給我。」他只好跟著我。我們敲了教士的門；他開了門，我把收據拿給他看。

他看著收據說：「你們從哪兒拿到這張收據的？」

我說：「把錢還給我們——那是約定好的。神退回收據了；你的專線沒用。」

他說：「可能哪裡出錯了。」

我說：「把十五萬盧比還給這個人；否則你明天會有麻煩。」

他把錢還給我朋友。然後他說：「請不要告訴任何人。一定是線路出問題了。」

我說：「肯定是的；因為你是如此正直的人。」

這類事件持續在二十世紀發生，甚至那些受過教育的人。一直有救世主假裝自己是神唯一的兒子。有些先知假裝他們為世界帶來最終的訊息：在他們之後就不會有任何訊息來到了——這是神的訊息的最終版本。而人類在這樣的奴役中——他們持續容忍這些人，甚至不會質疑基本的、平常的事情。

據說那那克曾待過哈爾德瓦爾，那時的人們為了膜拜祖先會供養食物給烏鴉——數以千計的烏鴉；祖先化身成烏鴉來吃掉那些食物。

膜拜和供養烏鴉還是其次。有一個中間人，一個教士，祈禱神讓那些祖先來到的人。是因為他的祈禱使烏鴉來到——那不是一般的烏鴉；對於信徒而言，牠們是他們的祖先。

看到這種情況，那那克說：「我的天，這太棒了！死了幾百年的人回來了。」

他走到進行儀式的井旁——因為人們必須先沐浴，進行某些祈禱的儀式。他洗了澡，開始從井裡取水並把它們倒在路上。人們開始圍觀；他們說：「怎麼回事？你在做什麼？」

他滿身大汗，一邊從井裡取水，一邊倒在路上。他說：「沒事，只是灌溉我在旁遮普省的田地。如果這些儀式可以穿過時間的藩籬，數百年了⋯旁遮普省離這兒只有幾百哩。我人在這兒，無法過去。而現在這時候得灌溉田地了。」

他們說：「你瘋了。在這兒澆水無法到達你的田地。」

他說：「這些烏鴉在吃供養的甜點，它們可以送到你們祖先那兒——而我的水卻無法到達幾百哩外的地方？」

如果你看看四周，到處都是冒牌貨，準備拿走你的責任——這一世的、前世的、來世的。你只需要相信他們，跟隨他們——盲目的。直到現在，盲信一直是宗教的基礎。那就是所有宗教反對我的原因——因為我說盲信不能被當成基礎。

雙眼是需要的。更好的觀察力、更多的洞見是需要的。

要做到這樣，你得承擔生命中所有的責任。

師父可以幫助——那個幫助，記住，不是一般的幫助。那個幫助就像太陽在早上升起，花朵綻放。陽光不會照到每朵花，並敲它們的門——「是起床的時候了。」不會有鬧鐘響起，提醒鳥兒醒來，要牠們開始鳴唱。沒人會命令牠們…原因只是同步性。

當太陽升起，某件事發生在鳥兒身上——喜悅、生命力、顫動；一首想唱出來的歌。孔雀會想要跳舞，展開彩虹般色彩的尾巴。花朵突然醒來——夜晚結束了，該綻放花瓣並釋放芬芳到清新的晨風中了。太陽沒有直接做任何事。它的存在就夠了，在它的存在中，某件事會開始發生。

師父的幫助就像這樣。他沒有直接做任何事，因為那會是干擾。那會是進入你的私人領域；會是對你犯下的罪。即使他的目的是好的，也不能進入你的存在；他只能出現在那兒。如果你是敞開的、有接受性的——那是你的責任；敞開的、有接受性的、做好準備的——那時，師父就不用作任何努力，事情會開始發生在弟子裡面。

師父什麼事都沒做。他的存在是催化劑，一個非常間接的說服；某個更像是呢喃聲的——不是弄醒你的鑼，而是個呢喃聲。就像穿過松樹的風，一首非常寧靜的歌，一個孕育著無窮意義但沒有任何文字的訊息。

他為你準備好這個狀態。現在是你的責任——也是你的自由——接受它或不接受它。

所以你是對的。所有責任都是弟子的，不應該對師父有任何期望；否則會失望——那些期望是不能被滿足的。當它們沒被滿足，你會生師父的氣；你會反過來反對師父，你會背叛師父。而他什麼事都沒做。是你的期望變成了失望。一切都發生在你的內在中；師父變成了你的靶子。

當弟子期望某件事⋯⋯

例如，我今天收到一封信；有個桑雅士想要被肯定——我應該說出他的名字並回答他的問題。但他的問題是不值得回答的；那會浪費很多人的時間，因為那個問題並不重要。他不關心那個問題，問題是次要的。他想要的是他的名字被我念出來，這樣他就得到了肯定。即使這個問題是適合的、重要的，我也不會回答——因為我不能滿足他的自我。這個肯定只不過表示你哪兒出錯了。

他在信中說他感到很憤怒——因為這不是第一次，已經是第三次提問。他沒有在其它問題提到他想要他的名字被念出來，但那些問題是無意義的。現在他說他感到憤怒和失望。奇怪⋯⋯那是你的期望；為什麼生我的氣？我什麼事都沒做。我甚至沒提到你的名字，也永遠不會這麼做。

當一個弟子感到失望，他會進退兩難——因為人們會問：「你為什麼離開你的師父？」原因是他的自我和期望。他是固執的、封閉的、無接受性的。他的行為像顆石頭，不是花朵。但他無法對人們承認——他的自我不允許——他是無接受性的。那麼唯一的方式就是說這是師父的錯。如果他無法找到錯誤，就必須發明出來。那是唯一可以拯救他的自我的方式——

他必須發明虛構的東西，說是師父的錯。

有個人和我在一起生活了快十年，現在他寫了一本反對我的書——裡面都是謊言、各種虛構的東西。但他必須這樣做才能挽救他的自我；否則人們會問：「你和他在一起生活了十年——為什麼要離開？」只會有兩個理由：弟子是錯的，或者師父是錯的——而他不能是錯的。

但是想想，一個和我在一起生活了快十年的人……十年是漫長的時間，你的一生的七分之一——而且是最重要的部分，你的青年期。這個笨蛋花了十年才發現他是錯誤的師父。那他接下來要花多少年才能找到正確的師父？他的青年期已經過去了——和錯誤的師父在一起——他也無法不和一個師父生活在一起，因為他不準備接受自己的責任。他會再次陷入惡性循環。

有些人用盡一生重複同樣的路線，從一個師父換到另一個師父，從一個理論換成另一個理論，永遠無法了解一個簡單的事實：如果你有任何期望，你就永遠無法找到正確的師父。你必須有正確的觀念才能找到正確的師父；那表示你不能有任何期望。

你說：「你存在，我們不存在，或者更準確的說，你不存在，我們仍然存在。」就不同的面向來看，兩者都是對的。

就自我而言，你存在，我不存在。

就宇宙真我而言，我存在，你不存在。

而問題在於，有兩種方式讓會合是可能的。如果師父是冒牌貨，那他就跟你一樣。你和他之間的溝通會是特定的，他是個自我，你也是個自我。他滿足你的自我，你滿足他的自我；這是你跟他的協議。

或者，第二種可能，師父不是有自我的；你也得成為一個無我。然後會有一種溝通。然後師徒關係才會發生。那是很罕見的花朵，非常稀有⋯⋯偶爾才會出現。

另一種溝通是世俗的，到處都有。有無數的老師，每個宗教都會創造出他們。還有持續認為自己是弟子的學生——他們只學習知識。弟子的存在必須成長；那和知識無關。

你是否有感覺過和某些人在一起，你的能量好像被吸光了？你不想遇到他們，他們是寄生蟲。也有些人是你想遇到的，因為當你遇到他們，你感覺更有活力，更滿足的；使你達到了更高的能量層次。

有的人是擁有存在的——如果你遇到這樣的人，你會感覺得到了養分。有的人是沒有任何存在的——他們就像黑洞；和他們在一起使你感覺被吸乾了。老師和學生有特定的溝通，但那是表面上的，因為那是屬於文字的。師父和弟子間的則是交融。

那不是屬於文字的，而是屬於師父存在的轉移，一個生命能量的轉換。

奧修，再次處於你的能量中是如此美麗。當我聽到你為了我們、為了完成你的工作所經

歷和忍受的一切，我感到敬畏。我們值得你這麼做嗎？

這個問題：「我們值得你這麼做嗎？」已經使你是值得的。這個問題是出於謙遜而提出的。

我如你們所是的接受你們，想要更值得我這麼做的渴望表示你是更謙遜的、更不存在的。在這兒，不存在就是存在的方式。你抹除越多的自己，你就能更允許我進入你。只要打開你的門窗，不要抓著任何東西不放。如果你有所保留，那表示猜疑：萬一你得離開、萬一這個人不是對的師父，那你就能抽身。

人們小心翼翼的讓步。他們浪費太多不必要的時間。

明天是無法確定的；我可能會在這兒或不在這兒。只有這一刻是確定的。不要保留。全然的接受我，因為我準備要把我的全然性給予你。只有全然性可以連結另一個全然性；如果你是半心半意的，就無法連結我的全然性。

但你走在正確的路上。這個問題：「我們值得你這麼做嗎？」暗示你是放鬆的、謙遜的、準備要接受客人、準備要成為主人。

奧修，如果弟子不接受師父說的某些話，他還算是弟子嗎？

對於師父說的一切，弟子有接受或不接受的自由。但師父沒有說出來的——弟子無法不接受。關於那部分，必須是完全的接受——因為那才是重要的。

師父說的一切只是文字遊戲；那不重要。他不會問你是否接受。你可以不接受師父說的一切，但仍接受師父這個人。

問題在於接受師父的存在。

如果你接受他的存在，我不認為你會在乎是否接受他說的話。

奧修，去年十二月，他們發現了我的子宮癌。對我而言，就像決定要繼續受苦和接受死亡的來到，或者擺脫它。然後我讓你全然的進入，淹沒在你的愛裡面：癌症消失了。過去半年，即使無法見到你，我仍感覺你很接近我。我的某些朋友是桑雅士，當我把感受告訴他們，他們說我在逃避事實。有時候，我會懷疑我感受到的。它們是正確的嗎？事實是什麼？

永遠聆聽你自己的經驗，因為那就是事實。

你得了癌症。常發生的是，癌症變成了一個很好的機會，因為現在死亡是確定的。現在沒有保留什麼的問題了——死亡將會帶走你。因為死亡是如此接近，你會更想著我、更愛著我——因為沒有時間拖延了。

這是你第一次全然的允許我和你在一起，然後癌症消失了。癌症的發生有很多原因。其中一個是，你的生命是無意義的、沒有愛的、你不算真正的活著——只是過一天算一天。你沒有活下去的理由，問題是你也沒有自殺的理由。所以透過昏睡的方式——像夢遊——人們就這樣從搖籃出生到進入墳墓。那是漫長的昏睡旅程，他們想辦法做到了。他們進了墳墓——或者他們抵達的任何地方，都變成了墳墓。

但是像癌症這樣的疾病卻帶來一個全新的機會。過去你是無意識的，現在則非常有意識，強烈的意識到死亡；你突然發現自己的癌症。所有生命中的一切——買好的電影票、足球賽的門票、拳擊賽的門票——變成無意義的。你本來在準備考試，現在那是沒有必要的。本來要參加選舉，它不再有任何意義。現在死亡是如此強大——圍繞著你——生命中的一切都變成沒有用的。

過去我一直要你去愛、要你是全然的。現在沒別的選擇了——死亡快來到了，你開始全然的愛。你允許我進入你，然後癌症消失了。並不是我做了任何事；是你做了某些事。如果你以前就聽從我，癌症不會發生。如果你以前就如此強烈的、全然的愛，你不會得到癌症。

現在，癌症消失了。你再次陷入頭腦的陷阱，以為可能是我施展的奇蹟。但我沒做任何事。是你施展了奇蹟，因為你一直對朋友說：「我的師父施展了奇蹟，」他們要你實際點。於是你開始懷疑。

你的朋友是對的。實際點——雖然他們自己並不如此。唯一重要的是，癌症消失了，因為這是你首次有了全然的、整合的存在，它比任何癌症還要強大。

但懷疑產生了，你會問朋友，每個人都會說：「別傻了。不要迷信」——雖然他們無法解釋為什麼癌症會消失。而他們要你實際點。你可以問他們：「那你們實際點，告訴我癌症怎麼消失的。」讓他們得到癌症！讓他們去思考，讓他們廢寢忘食——癌症怎麼消失的？——因為那是事實，必須知道原因。

不要期待我會施展任何奇蹟。那是虛幻的。是你施展了奇蹟；不要懷疑。每個人都能施展這樣的奇蹟。生命是如此的神秘，如果我們可以是寧靜的、全然的、充滿愛的，那會改變你——身體上的、頭腦上的、靈魂上的。

但不要相信朋友的愚蠢想法；否則癌症會再次出現——因為那不是我做的，是你做到的。如果你懷疑，不知道那如何發生的，你的懷疑會創造出癌症。是你的全然性把它融解掉；你的懷疑會打開一個後門讓它返回。然後你朋友就不會再說：「實際點。」你將必須回到同樣的心態，但這次會更困難。

最好不再陷入同樣的麻煩中。否則這次會很困難，因為你會期待——以前本來沒有。你第一次得到癌症，沒有期待任何奇蹟。如果癌症又發生了，你會試著充滿愛的、全然的——但努力嘗試的全然不會是全然的，努力嘗試的愛不會是愛。內心深處，你會期待癌症消失——

但情況不同了。

記住，那時不要怪我，說我不幫你。我原本就沒幫過你。

那一直是你造成的。

無論你發生任何事，都是你要負責。

奧修，靜靜的坐著，不做任何事，綠草自行生長⋯然後我睡著了。我總是嫉妒那些可以坐好幾個小時的人，但我真的做不到，我曾經努力嘗試過。但我只擅於打架、找麻煩、有創意的跳舞、在屋頂上咆嘯和大聲唱歌。這是否表示我沒希望了？

你引用的這個俳句詩來自一個偉大的師父，芭蕉。

我認識他。我可以要他為了挽救一個可憐的義大利人做點更改。我建議的更改不會讓他覺得很為難。

原本的俳句是：「靜靜的坐著，不做任何事，當春天來臨，綠草自行生長。」

我可以要他做點更改：靜靜的坐著，不做任何事，當睡意來臨，綠草自行生長。我不認為會有困難。你是有希望的。

但不要做其它事；它們不適合。睡覺是很棒的心靈活動——但在屋頂上咆嘯、找麻煩和各種你在問題中提到的，那不適合。

就綠草而言，當你睡著了，它會更有機會去靜靜的生長；否則你會創造麻煩。芭蕉的俳句詩是非常重要的。他的意思只是說如果你可以放鬆，神會自己成長。不是綠草。他無法使用「神」這個字，但那是他想表達的：神會自己成長。

所以對於神的成長，靜靜的睡覺是非常適合的氛圍。你是有希望的。

就芭蕉而言，我會說服他更改。

第二十章
當弟子準備好了

奧修，成道是弟子唯一可以對師父表達真正的感激的方式嗎？

即使成道也不足以表達弟子對師父的感激。沒有任何方式可以。弟子的感激仍是未表達的。那是其中一個最大的神秘，可以被經驗，但無法被解釋。當我說弟子越接近成道，就越難表達他的感激，你會覺得奇怪——因為現在他已經來到一個從未有過的狀態。他一直是感激的，但成道，一個人自有展現的經驗，已經超過能接受的程度了。你只能流淚或跳舞——但沒有用；那表現了你的意圖，不是感激。

感激的深度和浩瀚是沒有任何文字可以表達的，沒有任何經驗可以表達的。但就某方面而言，成道是最接近對師父表達感激的方式——你實現了他的努力，他的無為而為。他的存在沒有在你身上浪費，你證明了自己。最好還是說你從未不感激，你從未背叛。經歷過所有的起起落落，許多靈魂的黑夜，你仍然信任和愛，從未動搖過——你的成道顯示了這點。

但不需要表達感激。需要的是成為感激。然後就沒有對師父感激的問題了。當你變成了感激，你就只是一個對整個存在的感激。

師父只是一道通往寬敞的天空的門，通往彼岸的星辰的門。

想著感激是美麗的，但有些事是你無法言喻的。你想要說出來，但做不到——透過文字表達會失敗，透過行為表達會失敗。我要告訴你，甚至連經驗也會失敗。它使你轉變。不只是感激，它使你產生變化，巨大的變革——你變成了感激。那是唯一的方式。

但那和師父無關。當你經過門，你不會感謝門。師父只是個入口。你會一直是感激的，但你的感激仍會是未表達的。

這屬於那些事物的其中一個——當你用任何方式表達它們，它們就死去了。因為無法表達，它們才會是活的。

奧修，師徒關係是意外還是有意識的選擇？

它是兩者。

就師父而言，那是有意識的選擇。

就弟子而言，那一定是意外。他還不是有意識的。

埃及的神秘家有句諺語：埃及擁有少數最古老的神秘學校。他們與存在於亞特蘭提斯和穆大陸的神秘學校有所聯繫。那些大陸已經沉到水底了。但埃及有段時間——直到狂熱的回教徒摧毀了那些神秘學校——持續使用美麗的方法去找尋自己。

埃及神秘家說：當弟子準備好了，師父就會出現。

對師父而言，那完全是有意識的。有個蘇菲故事可以讓你了解。

某個年輕人，有著想要知道真理的強烈渴望，他放棄了家庭和世界，開始找尋師父。當他離開村莊後，他看到一個老人——一定大約六十歲了——坐在樹下，非常的安靜、喜樂、有吸引力的、有魅力的，以致於他走了過去。不知不覺的、意外的，他走向老人並對他說他在尋找師父：「你是個老人，我可以感覺到你智慧的芬芳。我可以感覺到某種圍繞著你的光芒。也許你可以告訴我該往哪兒走，有什麼標準——要如何決定這是我的師父？有那麼多的師父，但哪個是引領我通往最終的？」

老人說：「那很簡單，」他描述了那個人會是怎樣的人，會有什麼氛圍，年紀多大——甚至他會坐在哪棵樹下。

年輕人向老人道謝。老人說：「向我道謝的時機還未到；我會等到那個時候。」年輕人無法了解：「他在說什麼？他會等待？」

三十年來，他在沙漠中、在山中尋找師父⋯但他找不到符合那個標準的人。他疲憊的、充滿挫折的返回家鄉。他已經不年輕了。離開村莊時是三十歲，現在幾乎快六十歲了。

但當他回到家鄉，他看到那個老人坐在樹下。他無法相信。他說：「我的天。這就是他描述的人——他甚至說過那個人有九十歲⋯而且就是這棵樹！我一定是完全無意識的，以致於沒看到這棵樹。還有這個他描述的氛圍——這個光芒、存在、生命力⋯」

他跪了下來說：「這是什麼玩笑？三十年來，我在沙漠和山上徘徊。而你知道這一切。」

老人說：「我知不知道並不重要。問題在於你是否能知道。我已經很仔細的描述，但你仍得用三十年經歷過這一切。只有經歷過這三十年，你才會有點警覺。那一天你想要向我道謝，但我說時候還沒到；有一天，那個時機會來到。」

「你還在意流浪了三十年。那我呢？我在這兒坐了三十年，等著你。我的工作在很久以前就完成了，我的船來了，一直等著我。為了你這笨蛋，我一直在拖延，而你花了三十年！我甚至把那棵樹告訴你了，我身上的所有特徵——鬍子、鼻子、眼睛。我說了一切，而你卻跑去找我！」

「但現在還不遲。我在擔心如果我死了，我的承諾就無法實現了——「這個笨蛋一定會來，但如果我不在這兒，那我說的一切，我的暗示，都會沒用，會被認為是假的。」為此，我在這兒坐了三十年！你原本可以在那天就選擇我。但你做不到，你還沒有那個洞察力。你聽了我說的一切，但你無法了解。我就在你面前，描述著我自己，但你則想著要在某個地方找到我。」

弟子只會在意外的情況下找到師父；他持續尋找、蹣跚而行、失敗了，又站起來，被某人欺騙了、被另一個人剝削了、被愚弄了。漸漸的，他開始有了一點警覺。然後只是因為意外，他遇到了師父。

就師父而言，他一直在等待某些人。他做了各種努力去聯繫那些人，但問題在於那些人是無意識的。

甚至如果佛陀來敲你的門，你會迎接他或者把他當成笑柄？

杜斯妥也夫斯基，世界上其中一個最著名的小說家，在他的其中一本小說「卡拉馬助夫兄弟們」中提到，一千八百年後，耶穌回來了。他心想：「現在世界上有一半的人是基督教徒。我第一次來的時候不是正確的時機，因為沒有一個人是基督教徒，沒人是我的人。」

一千八百年前，他來到一個陌生的世界。邏輯上而言，他認為現在自然是對的時間——「有一半的人是基督教徒，無數的教堂唱著我的歌——這是正確的時機。現在我擁有了我的人。」

自然的，他在某個周日早上出現在耶路撒冷。人們正從大教堂離開。他站在樹下。出於好奇，人們開始聚在他周圍，譏笑他、開他玩笑。他們說：「這個人真聰明。多棒的演員啊！看起來跟耶穌一模一樣。」

耶穌對他們說：「我不是演員，我沒有試著扮演耶穌，我就是耶穌。」

他們都笑了：「別想愚弄我們。我們是基督教徒，在主教出來前，你最好還是立刻從這兒消失；否則你會有麻煩。」

耶穌說：「但這很奇怪，你們是我的信徒。」

他們說：「我們是耶穌的信徒，他已經在一千八百年前被處死了。你似乎是個演員還是馬戲團的工作人員——但我們認為你的表演非常完美。」

耶穌用各種方式嘗試：「聽著，我就是那個被釘上十字架的人！」

主教出來了，群眾立刻恭敬的讓了開來。主教是一個偉大的宗教人士。他對耶穌說：「從平台上下來，跟我進去教堂。這些人是單純的，你不該用這麼愚蠢的表演摧毀他們的信仰。」

「但是，」耶穌說：「你是我的代言人。」

主教說：「閉嘴！你太過分了。跟我進來。」他對人們說：「捉住他。把他關在房間裡面，我稍後會過去。」

耶穌說：「太奇怪了。這就是以前發生過的。但那時候他們不是我的人；我至少可以安慰自己：他們不了解我。我在最後一刻對天父說：『父親，原諒這些人，因為他們不知道自己在做什麼。他們不知道自己在虐待神唯一的兒子。』但現在我無法安慰自己。這些是我的人，似乎我又會被釘上十字架——而且是被基督教徒釘上十字架！」

他被綁在沒有燈光的小房間裡面的一根柱子上。到了午夜，主教點了蠟燭走了進來，他跪在耶穌面前說：「我認得你，但我不能在群眾面前承認。你是很大的麻煩。我們花了一千八百年才把基督教的生意做起來。現在一切都很順利。我們不需要你了。」

「和你的天父在一起，去服侍祂，我們會在這兒做你的工作。但不要來這兒，因為你會造成麻煩。那些把你釘上十字架的拉比——現在我們知道了，他們也認出你了；因為他們認出你是『得到真理的人』，所以才決定把你釘上十字架。如果你不離開，請原諒我們：我們也得做一樣的事——再次把你釘上十字架。所以聰明點，不要製造麻煩。」

無意識的人甚至無法認出佛陀、耶穌或摩西。那不是他的錯。主教是比較警覺的；他認出來了，但那會危及他的生意。

任何宗教的教士都不會想要他們的創立者再回來。他們會說同樣的話——「我們把你的工作處理得很好。你是不需要的，因為你是個打擾。你會說出影響人們的話。我們已經控制了他們的道德觀、人格和文化，你會造成麻煩。」

沒有宗教會想要它的創立者回來。人們的無意識頭腦無法認出他們。教士也許可以認出來，但他們會處死他們。因為教士的生意建立在耶穌的十字架刑上；如果耶穌還活著，就不需要教士了。他的生意就毀了。那是他賴以生活的。

他對真理沒興趣。

沒有教士對真理感興趣。沒有神學家會對神感興趣或尋找那個最終的。他關心的是如何剝削無意識的頭腦。

所以求道者或弟子都注定會遇到很多冒牌貨。如果他的尋找是真誠的⋯⋯

真誠的尋找是什麼？他的尋找不會是自我之旅，他不會想變得更神聖、更高人一等、更有靈性、比其它人更優秀、有更多善行。但是他將會成為世界上所有騙子的犧牲者。如果他的尋找是真誠的，他想要知道自己——他對神聖、高人一等和優秀沒興趣，他只想知道原本的自己——那麼，將沒有人可以剝削他。他遲早會遇到一個有意識的人，可以看出他真誠的尋找著。

師父有意識的選擇，但對弟子而言，那一定是個實驗。他一直在實驗，但失敗了；現在他對一個沒見過的人進行實驗。

但和一個師父在一起，你不會失敗——那不可能。他的意識將會把你的無意識轉變成意識。他是光，一旦你接觸到光，你就無法還待在黑暗中。

無意識就像黑暗，有意識的人只是一道光的火焰。接近他就是轉變。

接近他不會使你更博學、不會使你變成奴隸、不會使你成為回教徒、印度教徒或基督教徒。接近他只會使你成為一個人，單純的，像個小孩。

他帶給你存在，不是知識。他使你更存在，使你的存在更擴展——不是你的知識，而是你的存在，你的生命。他不會讓你增加更多關於真理、你自己和生命的資訊。師父不在乎那些。他給你生命，不是關於生命的資訊。

他使你有個瞥見，然後你可以讓那個瞥見成長。

他給了你一個種子⋯你變成了土壤，然後你可以攜帶著種子，直到開花。

奧修，你說對師父的執著在最後也得放下。但怎麼可能？我們如何能自願切斷因為你的目光使我們感受到的喜悅？如何能切斷坐在你腳旁的喜樂？

我可以了解你的困難。這是一個最古老的問題，師父是最後的執著。因為它是最後的執著——你所有的執著都離去了——你所有執著的能量都變成集中在師父身上。所以那不是一般的執著。在日常生活中，你執著你的妻兒、房子、這個和那個——無數個執著。你執著的力量被分散了。但當那些執著都被放下了，你所有的生命能量將會聚焦在師父。

印度的古先知曾唱頌著：「師父是母親，師父是父親，師父是兄弟。」師父就是一切。是的，當所有執著都離去了，他會是一切——現在師父要你也放下那個執著。那是傷人的。人隨時可以輕易的放下成道的想法，因為他不知道那是什麼，沒有經驗過。但和師父在一起的美、狂喜和喜悅不是理智上的；那是你經驗到的事實。你探索過，發現那是如此多汁，以致於成道、涅槃或莫克夏……看起來都像是乾枯無味的文字。

不只一般人——甚至像拉瑪克理虛納這樣的人也有同樣的問題：最後的藩籬是最難跨越的。了解他的情況會有幫助。

拉瑪克理虛納是非常快樂的，雖然他的快樂只是頭腦的把戲。但他已經放下了所有的執著，他把所有的生命能量聚焦在女神卡莉——他的全世界。對別人而言，那可能只是一顆石頭；對他而言，那是他生命的泉源。那只是他的投射，但他非常快樂。他會跳舞、唱歌和慶祝。他的喜悅是沒問題的——必須記住：他的喜悅、狂喜和喜樂是真實的，雖然那是心智上的投射。那個投射是不真實的。

就像這樣：我給你一顆像鑽石的石頭，你非常快樂——你得到一顆比柯伊諾還大的鑽石。就你的快樂而言，它是真實的；就鑽石而言，它是假的。

拉瑪克理虛納原本會死於他創造的幻象——而且他用極大的努力創造了那個幻象。首先，他是獨特的個體，不是一般的教士。他是加爾各答的達克希什瓦神廟的專業教士，但他和女神的關係不像專業的教士。有時候他會跳整天的舞，直到昏倒。有時候他會鎖上廟門，好幾天都不打開。

廟的主人，拉妮魯曼尼說：「這是個奇怪的教士。有時候整天都不開廟門，有時候則是到了晚上都還沒關廟門。而且他不知道如何膜拜。他會帶食物去供養女神；但他會先嚐過，然後才會放在女神面前。這是不符合經典的。應該先供養女神，然後用聖食的方式分給人們，那是來自神的禮物。但這傢伙先吃過才放在女神面前；這幾乎是個罪。」

「而且沒有任何戒律。有時候早上祈禱，有時候下午祈禱——有時候完全不祈禱。有時候會供養女神，有時候則不供養。而且你無法和他爭論，這個人似乎瘋了，因為他說：我今天很生氣，我要懲罰祂。我跳了三天的舞，而祂甚至不肯在我的夢中露個臉。我無法忍受；現在讓祂受苦。三天不給食物，祂就不會再做傻事。祂會知道拉瑪克理虛納不是一般的教士。」

魯曼尼把拉瑪克理虛納叫來：「你應該遵從經典。」

拉瑪克理虛納說：「我沒看過任何經典，也不想看。我是快樂的。我和女神的關係會是非常美麗的。在每段感情中，偶爾會發生爭吵——有時候祂是憤怒的，有時候我是憤怒的；有時候祂會嘮叨，有時候我會嘮叨；但這就是每段感情的狀況⋯⋯」

魯曼尼說：「你瘋了，這不是一段感情。」

拉瑪克理虛納說：「那妳得找別的教士，因為對我而言，這是一段感情。」

有一天，他在女神面前跳舞——卡莉手上都會有一把劍——他拿走劍說：「祢已經拿這把劍夠久了——今天給我拿。祢覺得呢？拿著劍就以為別人會怕祢嗎？我會讓祢知道真正的可怕。我會拿著劍跳舞。祢得出現，這個雕像不能代表祢。如果祢不出現，我會砍掉我的頭。給祢一段時間：在太陽落下前現身。否則祢會失去祢的教士，而且祢無法再找到另一個拉瑪克理虛納，」他開始跳起舞。

當太陽落下，他正要用劍砍向自己的頸子，然後他看到了變化——雕像不見了。卡莉微笑著；像人類一樣。劍從他的手上掉下來。接著六天，他是神智不清的，當他神智清醒後，他說的第一句話是——因為每個人都試著要弄醒他；給他吃藥，潑冷水——他說：「你是朋友還是仇人？我在這六天是如此的喜樂。我不想再醒過來。讓我繼續神智不清——因為這六天，女神都在。我要神智清醒做什麼？神智不清讓我更有收穫。」

這個人本來會死於這樣的幻象——那只是心理上的投射。有個到處流浪的師父——也許他只是為了拉瑪克理虛納才去達克希什瓦——告訴拉瑪克理虛納：「你經驗到的一切是你創造的，除非超越它，否則你永遠無法知道真理。就差一步…當你在靜心中看到女神卡莉，拿走祂的劍，把祂砍成兩半。通往彼岸的門會在那時開啟。」

拉瑪克理虛納說：「我不能這麼做，光是這個想法就讓我很難受。」

但師父說：「你必須這麼做。」那個人擁有難以抗拒的吸引力。拉瑪克理虛納遇過很多人，這是他第一次遇到某個值得去聽從的人。

師父說：「我只會在這兒停留三天。我是為了你才來這兒，因為你活在幻象中，你的幻象可以被拿走。我知道你的幻象是很甜美的、美麗的；那是你生命中最重要的，所以很難放棄它。但你不知道，如果你放下它，你會進入一個不只超過它千倍或百萬倍的狀態。不，那個差別不是數量上的，而是品質上的。一旦你知道它，你會發現你做的一切只是頭腦的把戲。你做得很好；很少人能做得如此全然、如此成功。但你還是得走出最後一步。」

於是拉瑪克理虛納坐了下來，並閉上眼睛靜心，淚水開始流下，他的臉是容光煥發的——女神出現了，他忘了一切。當他離開靜心後，師父問：「發生什麼事？」

他說：「我忘了。那是如此吸引人…我忘記你說的，我甚至忘記要停止。」

到了第三天，師父說：「這是我最後一天在這兒，你這輩子最後的機會。」他拿了一片尖銳的玻璃。

他說：「當我看到你的淚水，你的臉開始發光，我會知道你看到女神卡莉了，然後我會用這片玻璃割你的額頭，那時你得在內在中砍掉女神卡莉——因為那發生在第三眼。勇敢點，只要試這一次，因為我明天就離開了。」

然後他開始割拉瑪克理虛納的額頭。血流滿面，拉瑪克理虛納鼓起勇氣，照著師父說的一切做了。卡莉的雕像被砍成兩半，通往彼岸的門開啟了。他變成完全寧靜的、沉默的，他睜開了眼睛，觸碰了師父的腳說：「你是如此慈悲，來到這兒只是為了幫助一個可憐的人。我對彼岸一無所知，我只是在玩著頭腦的遊戲。」

我可以了解你的問題和困難。你喜歡處於我的存在中。你感到滿足和安慰。你不想要其它的東西。但我不滿足，因為我知道還有更多。這只是開始，我不會讓你卡在起點。我有我的方法。

那個師父，多達布里，對拉瑪克理虛納做的一切是原始的、古代的方法。我不是古代人，我有自己的方法。我無法幫助你，我不能干涉你的成長。我要你自發性的成長。

但就對我的執著而言，那是個難題。你不用擔心；我會直接消失。你不用把我砍成兩半，我可以直接溜走——因為那只是你的想像。

溜出你的頭腦是如此簡單和容易。我甚至納悶為什麼過去⋯連佛陀也說過：「當你在路上遇到我，立刻砍掉我的頭。」何必對弟子這麼嚴苛？我不接受任何形式的野蠻行為。這是殘忍的，而佛陀也這麼要求。

當然，他知道那是想像。

但對弟子而言，那不是想像。而問題不在於佛陀，而是弟子。對弟子而言，那是事實，最珍貴的事實。但我可以溜走，讓通往彼岸的門被打開，不會有問題。對我的弟子而言，不會有問題。如果你在路上遇到我，只要提醒我：「嘿，你以前怎麼說的？不要擋在路上。」不需要用劍砍掉頭顱。

只要輕輕推我一把——「讓開，讓我看看什麼是彼岸。」如果你想要，我可以站在你旁邊，然後你可以看，你不會因此害怕只有自己一個人，也不會失去我。一旦你知道了彼岸，我的存在就不重要了。透過我所得到的只是一滴露珠；一旦你有了整個海洋，你就不會抓著露珠不放。

不需要擔心。以前沒人這樣做過，但我是個瘋狂的人。我一直在做很多以前沒做過的。我試過——那是有效的。你可以盡可能的享受我的存在，愛我的存在。當你所有的執著都消失了，只剩下我的時候，我會自己消失。你不用做任何事。你將不會失去任何東西；你會得到更多，你會得到一切。

奧修，待在你身旁，除了神性的滿足之外，沒別的渴望了，是否培養對神性的不滿足感是必要的？或者應該為了對神性感到滿足而悲傷？

不需要培養對神性的不滿足感。

對於那些滿足於俗世的一切的人——金錢、權力、名望——他們需要培養對神性的不滿足感。

但如果就神性而言，你是滿足的，那你屬於完全不同的情況。你不用因為你不會不滿足而難過，你應該感到快樂和慶祝。

生病的人才需要吃藥。如果你沒生病，不用難過：「我是多麼不幸，必須過著不倚賴藥物的生活。」對神性的不滿足感是一種藥物，用於那些滿足於垃圾般的、無意義的事物的人。必須把他們拉出那些讓他們感到滿足的事物之外，必須讓他們對神性是不滿足的。

但就神性而言，你感到滿足，你感到健康；那就不需要藥物。不用為此悲傷；否則你很快就會需要藥物。但你不會因此而對神性感到不滿足，反而會變成物質上的不滿足。

必須了解生命的邏輯。如果你只滿足於物質上的追求，要讓你了解這種滿足的愚蠢並不困難。然後你會立刻有一種不滿足感——想要某個神聖的、永恆的。

你的情況剛好相反。就神性而言，你是滿足的。現在不要打擾它。不需要悲傷。去唱歌、跳舞和慶祝，讓這個對神性的滿足感成長、更深入。否則那個悲傷會摧毀它。

如果你想要不滿足，對你而言，那不會是神性上的，你會因為自己不是總理、首相或富人而不滿足。就你的情況而言，如果不持續深入這個滿足，你可能會誤入歧途。

你是完全沒問題的。

奧修，什麼是弟子？

弟子是一個想要成為他所是的，想要感覺他所是的，他是完全空虛的，他的生命只是無意義的練習；感覺自己過著無意義的生活——簡而言之，感到自己是絕望的。

在一本存在主義小說中，有個人殺了人，奇怪的是——他殺了一個陌生人。和友情或敵意無關，他甚至沒看過那個人。那個人坐在長椅上——他從背後用刀子捅了他。但他沒逃走，他留在原處。人們開始聚集，警察也來了。他們問他為什麼殺了這個人。他說：「不要問我為什麼，因為我一直在問為什麼——但沒得到任何答案。我為什麼會出生？你為什麼會出生？為什麼人會死？為什麼人得活下去？沒人回答我——你不該期望我回答你。我只是想做件事——沒別的事可做，所以我做了這件事。」

他們問：「但你不認識他。甚至沒看過他。」

他說：「那又如何？」

當聽證會開始，法院擠滿了人，因為這個人似乎很奇怪。他不像一般的殺人犯，因為沒有殺人的理由。法官問他原因，他說：「我一直在問為什麼，似乎沒有任何答案。所以我也沒有任何答案可以給你。」

間接證據被找到了。有個人說：「這個年輕人一直是個怪人。他是我的鄰居——在他母親死掉的那天，他說：「那個女人決定要在周日死掉，只是為了毀掉我的假日。一周有七天，但她不選擇其他日子。」他不因為母親的死而難過，反而抱怨：「那個女人一生都在折磨我，叫我做事卻不問我的意願。她原本可以在周六、周五或任何一天死。但我一開始就知道她會在周日死亡——特別是這個周日，因為我買了電影票——只是為了毀掉我看電影的機會。」

另一個人上了證人台：「我們不了解這個人，因為在他母親死掉的那天，晚上有人看到他在迪斯可和女友跳舞。這是不對的，至少不要在公開場合和女友跳舞。」

法官問：「這是真的嗎？」

那個人說：「我想要問一件事：如果我的母親死了，我是否可以跳舞？我在六小時或六十年後跳舞有什麼差別？——都是她死後。所以我認為那是完全沒問題的。為什麼要浪費時間等待？標準是什麼——死後幾天才能跳舞？」

法官問他：「你殺了人。通常殺了人後會逃走，但你站在原地，手上拿著刀子。你沒逃走。」

他說：「事實是，我想要在死前做一件自己決定的事。我這一生都是別人在命令我：『做這個，做那個，去這個學校，念這個科系。』從未有機會靠自己決定。我本來決定要自殺，但自殺是有罪的，而且這個社會是瘋狂的。如果你自殺失敗被逮到，他們會折磨你。因為你想自殺，所以他們要懲罰你。這邏輯很棒！我想要自殺。我想：『這是最好的方式——先殺人。』至少我可以說這是我首次靠自己決定做的事，一個決定性的行為。不需要逃走，因為我要你們處死我。」

一個弟子會來到一個狀態——不是自殺就是得改變自己的一生——有意義的、美麗的、芬芳的、有個體性的、決定性的、靠自己做到的。你的出生不是你要負責，你的死亡也不是你要負責——生命裡其中最重要的兩件事都不是你能控制——但你可以自殺；那是你可以決定的。

自殺就是承認失敗，承認你被打敗了。但只有當頭腦處於這樣的狀態，一個人才會開始找尋——也許有些生活方式是不一樣的，也許有其它的生活觀。這個不同生活觀的尋找：因為他發現四周——每個人都是痛苦的、悲傷的、感到迷失的。不知道自己在做什麼、不知道為什麼要這麼做、不知道要去哪兒，每個人只是跟著群眾。像隻羊——不像人，不像獅子。

弟子就是尋找不同生活方式的人。

有一種生活方式是綿羊般的，另一種生活方式是獅子般的。弟子試著找到自己的聲音、他的吼聲。他試著找到自己真實的存在——他是誰。

弟子處於轉變的過程中。

社會辜負了他，社會欺騙了他。教育沒給予任何幫助。領導者——政治的、宗教的、社會的——都只是在說謊，沒人能幫助他成為他自己。

弟子是尋找真理的人。

「弟子」和「規範」都來自同樣的字根。現在他將會用不同於社會、宗教和父母想要的方式規範自己，他將會用自己的特質來規範自己。

那是個叛逆。

弟子是個叛逆的靈魂。

奧修，是否有任何適合弟子的黃金規則？

只有一條黃金規則——就是不存在任何黃金規則。

第二十一章
只有真實的可以和真實的會合

奧修，和你在一起待在印度遠勝過待在世界上的任何地方。在講道中和你坐在一起，感覺像成為世界的心臟。有時候只是坐在旅館的房間，閉著眼睛，我感受到你的心跳和我的心跳以同樣的節奏跳動著。在早晨散步，聽著周圍的聲音——它們比任何地方的聲音穿透得更深入。感覺像靜心自然的發生著，不需要任何努力。是否因為你在印度的工作是不同的？或者這兒有某種自然的佛境？

印度不只是地理上的分別。它不只是一個國家或一塊土地。它是某個更多的：它是個譬喻、詩歌、某個看不見但又非常明確的。它以某種能量場震動著，那是其它國家沒有的。將近一萬年來，無數人達到了意識的最終爆發。他們的震動仍是活生生的，他們的影響就存在於空氣中；你只需要某個可以去接收到看不見的、圍繞著這個奇特土地的覺察力。

奇特的原因在於它為了尋找真理而放棄了一切。它沒有創造出任何偉大的哲學家——你會驚訝——沒有創造出柏拉圖、亞里斯多德、黑格爾、羅素、阿奎那、康德、布萊德利。整個印度的歷史上沒有誕生一個哲學家——而他們一直在探尋真理！

他們的探尋確實和其它國家的人的探尋是完全不同的。在其它國家，人們思考著真理；在印度，人們不思考真理——因為你怎麼能思考真理？你只能知道它或不知道；思考是不可能的，哲學是不可能的。那是荒謬且無意義的練習。就像盲人思考光——他能想到什麼？他也許是偉大的天才或邏輯學家——但那不會有幫助。無論邏輯或天才都是不需要的；需要的是可以認出它的雙眼。

光只能被看見，它無法被思考。真理只能被認出來，但無法被思考；因此我們在印度沒有等同「哲學」的字。我們把對真理的探詢稱為達顯，達顯的意思是看。

哲學的意思是思考，而思考是循環的——關於這個和那個，它從不直接去經驗。

全世界只有印度如此奇特，所有的天才都努力的去認出真理、成為真理。

整個印度歷史上都找不到一個偉大的科學家。並不是因為沒有這樣的人才，不是因為沒有任何天才。數學是在印度奠基的，但它沒創造出愛因斯坦。奇蹟般的，整個國家都沒興趣探詢客觀的世界。他們從未想過要知道外在，而是著重去知道自己。

一萬年來，無數人持續地努力，為了它犧牲一切——科學、技術、財富——接受了貧窮、疾病、死亡，不計代價的持續探詢：創造了圍繞著你的某種氛圍，某種廣闊無邊的震動。

如果你帶著稍微有點處於靜心狀態的頭腦來到這兒，你會和它有所連結。如果你只是以遊客的心態來到這兒，你會錯過它。你會看到遺跡、宮殿、泰姬瑪哈陵、廟宇、卡丘拉荷、喜馬拉雅山，但你不會看到印度——你會經過它卻沒和它會合。它到處都是，但你是不敏感的，你不是有接受性的。你在這兒不會看到真實的印度，你會看到它的骨幹——但不是它的靈魂。你會擁有骨幹的照片，你會把它做成相簿，你會以為你到過印度、以為你知道印度，但你是在欺騙自己。

有一個心靈層面的部分，你的相機無法拍攝它；你的訓練和教育無法取得它。

你可以去任何國家，你可以和它的人們、國家、歷史和過去會合——德國、義大利、法國、英國。但就印度而言，你做不到。如果你試著把它和其它國家分類，你就錯過了，因為那些國家沒有心靈上的氛圍。它們沒有創造出佛陀、馬哈維亞、尼密那達、阿帝那達、卡比兒、法理德、達杜。他們創造了科學家、詩人、偉大的藝術家、畫家、各種有天賦的人。但神秘家是印度的專利；至少到目前為止一直是如此。

神秘家是完全不同的人類。他不只是天才、不只是偉大的畫家或詩人——他是神的媒介、一個對神的邀請。他開了門讓神進來。數千年來，無數人開了門，讓神性充滿了整個國家。對我而言，那個氛圍才是真正的印度。但要知道它，你的頭腦得處於某種狀態。

因為你在靜心，試著寧靜，因此你允許真正的印度和你聯繫。你是對的；你在這個貧窮的國家發現真理的方式是無法使你在其它地方發現的。它是非常貧窮的，但心靈上則擁有豐厚的遺產，如果你可以張開雙眼去認出它，你將會驚訝。也許這是唯一非常在乎意識進化的國家。其它國家在乎一千零一件事。但這個國家一直是專注一致的，只有一個目標：人類的意識如何進化到和神性會合的狀態；如何讓人和神更接近。

而且不是只有一個人，有無數人投入；不是一天、一個月或一年，數千年來一直如此。它自然創造了一個圍繞整個國家的巨大能量場。籠罩了全國，你只需要做好準備即可。

每當任何人渴望得到真理，他就突然會對印度感興趣，他會想前往東方，這不是個意外。而且不是現代才如此，從有文獻記載以來就是如此了。

二十五世紀前，畢達哥拉斯來到了印度尋找真理。耶穌也來過印度。在聖經中，沒有任何關於耶穌從十三歲到三十歲的記載——而那幾乎是他的一生，因為他在三十三歲被釘上十字架。所以有十七年不見了。他去過哪兒？那些日子為什麼沒被記錄在聖經中？是他們故意拿掉的，因為那會揭露基督教不是新宗教的事實，不是原創的宗教——耶穌說的一切都來自於印度。

那是相當令人好奇的。他出生時是個猶太人，死的時候是個猶太人。他從來就不是基督教徒，他沒聽過基督教或基督。猶太人為什麼這麼反對他？基督教沒有答案；猶太人也沒有——因為這個人沒傷害過任何人。他是非常單純的人。但他犯下的罪是很難察覺的。拉比和博學的猶太人看得出來——他帶來了東方的概念，那不是猶太人的。他帶來屬於國外的、奇怪的概念。

如果你從這個角度來看，就能了解他為什麼一直說：「古代的先知說如果某個人打了你，那你得準備好。必須以眼還眼、以牙還牙。但我要對你說，如果某人打了你某一邊的臉，就把另一邊的臉也給他打。」這完全是非猶太的。那是他從佛陀和馬哈維亞那兒學到的。

當他到了印度——有些記載提到他的來訪——佛教仍是活生生的，雖然佛陀已經涅槃了。耶穌在佛陀涅槃後五百年來到，但佛陀創造了如此巨大的暴風以致於整個國家都淹沒在其中，因為他的慈悲、原諒和愛的觀念感到酣醉。耶穌說：「古代的先知說過」——誰是古代的先知？——過去猶太教的先知：以西結、以利亞、摩西——說「神是非常兇暴的，祂從不原諒。」

他們甚至用神代言。神在舊約中說：「我不是你的叔叔，我不是好人。我是非常嫉妒和憤怒的。那些不站在我這邊的人就是在反對我。」

而耶穌說：「我要對你說，神就是愛。」他從哪兒得到這個概念的？世界上沒有任何記載提到神就是愛，除了佛陀的教導。

耶穌在那十七年內去過埃及、印度、拉達克和西藏。那是他的罪——把奇怪的概念帶進猶太教的傳統中。它們不只奇怪，還是違反它的。

你會驚訝的知道他死在印度，基督教的記載避開提到這件事。如果他們是對的：耶穌復活了，那復活後發生了什麼？他在哪兒？因為沒有關於他死亡的記載。

事實上，他從未復活過。因為他沒死在十字架上，猶太教的十字架是最殘忍的殺人方法。

幾乎要四十八小時才會殺死一個人，因為手腳被釘住了，血一滴滴的流光。如果那個人是健康的——有記載說曾經有人撐了超過六十小時——四十八小時是平均值。耶穌在六小時後被從十字架上放了下來。從沒人在六小時內死在十字架上：沒人會因此而死。

那是彼拉多的計謀，他不是猶太人，而是一個羅馬總督。因為朱迪亞受羅馬管轄。他對於殺死無辜的人沒興趣。他對於扮演了這個醜陋殘忍的鬧劇中的一個角色有罪惡感；沒有他的簽名，這個人就不會被殺。那是個政治問題，因為所有猶太人都發了瘋的要殺死耶穌——他應該被釘上十字架。彼拉多進退兩難：如果他放了那個人，他會成為所有猶太人的敵人。那不利於外交。但如果他殺了那個人，他可以得到所有猶太人的支持，但那會是他良心上的一個傷口：一個無辜的人，沒做錯任何事，只因為政治上的考量而被殺。

所以他做了安排，把十字架刑拖延到周五。因為在周五傍晚，當太陽西沉，猶太人會停止所有工作。在周六不做任何事，那是他們的聖日。十字架刑在周五早上執行，但它被延後——官僚制度可以拖延任何事。

耶穌在下午被行刑。他在太陽西沉前被從十字架上放下來的時候還活著，雖然失去了意識，因為流了很多血使他虛弱。置放他的身體的墳墓守衛⋯猶太人打算在假日結束後再把他釘上十字架，但守衛是羅馬人——這就是門徒能夠把耶穌帶出朱迪亞的原因。

為什麼耶穌想要到印度？——因為他年輕時在印度住了幾年。他親身體驗過那些心靈的、宇宙的、最終的，所以他想要回去。當他被治癒後，他回到印度，在那兒活到一百一十二歲。

他的墳墓還在那兒，在喀什米爾。墓碑上的字是希伯來文…印度沒有任何猶太人。墓碑上的名字是約書亞。那是耶穌的希伯來名；耶穌是約書亞的希臘名。碑文是「約書亞來到這兒」——時間和日期——「一個偉大的師父，和他的門徒生活在寧靜中，活到一百一十二歲，自稱牧羊人。」因此那個地方以「牧羊人之村」而聞名。你可以去看看那個村莊，它還存在——帕哈爾加爾；那是「牧羊人之村」的印度語。

他想去那兒，這樣他就能有更多的成長；他想要和一小群人在那兒，這樣他們就能一起寧靜的成長。他也想死在那兒，因為住在那兒是美麗的，如果你知道如何生活的話，而死亡也是非常重要的，如果你知道如何死亡的話。

只有在印度，死亡的藝術才被探詢過，就如同生活的藝術一直被探詢著；它們是同一個過程的兩面。

更令人驚訝的是，甚至連摩西也死在印度，摩西和耶穌的墳墓都在同一個地方。你也許會認為耶穌是因為偉大的師父摩西而選擇那個地方。但摩西為什麼要死在喀什米爾？

摩西帶領猶太人離開埃及去尋找神的樂土，以色列。花了四十年，當他們到達以色列，他宣告：「就是這兒，神的應許之地。我太老了，我想要退休。你們年輕的一代」——因為從離開埃及到現在，他那一代的人幾乎都死光了。小孩誕生了，年輕人變老了；最早開始這一切的人都不在了。摩西感覺自己像個陌生人。

他把管理的權力交給年輕人，然後離開了以色列。這是奇怪的：猶太教經典沒提到他的死亡，沒提到他發生了什麼事。但墳墓在我們這兒。那個碑文是希伯來文，四千年來，一直有一個猶太家庭世世代代在照料這兩個墳墓。他為什麼要到印度——只是為了死亡？那是其中的一個秘密：如果你可以死在佛境，一個不只有人類的震動，也有神性的震動的地方，你的死亡會成為一個慶祝、一個解脫。

好幾世紀來，世界各地的求道者都來到這兒。這個國家是貧窮的，沒有任何東西可以提供，但對於那些敏感的人而言，這是地球上最富有的地方。那個富有是屬於內在的。

你是對的。只要更敞開、更放鬆、更處於放開來的狀態，這個貧窮的國家將可以給予你人類所能得到的最偉大的寶藏。

奧修，和你在一起的這些日子，愛和感激像敞開的海洋灑落在我身上。離開你有時候會很辛苦，但同時又很深刻。你是否能再談談師父和弟子的關係？

不只一次，我會說一千零一次，一再又一再的，某些關於師徒關係的。因為有很多層面，每當我談論它，只能包含一個層面。

有一件最重要的事，必須要記住，它不是束縛或合約，而是兩個自由個體的會合，自由的會合。

如果你在任何時候感到它是束縛，那你就是迷失了。一切只是兩個旅途上的夥伴，沒有任何束縛、承諾或期待。

其中一個人知道那條路——他已經走過很多次——有時候單獨一人，有時候和別人一起。他可以閉著眼睛走，因為他非常熟悉那條路。

另一個人沒走過那條路，他不了解那條路。

唯一存在於這兩個人之間的是某種愛和信任。而那部分也根據經驗——因為弟子可以看出師父一直是對的。有這麼多條綜橫交錯的路，但他總會找到正確的路；有這麼多陷阱，但師父總會讓他知道前面有陷阱——「稍微注意點。」漸漸的，和這個人走在一起，信任開始成長。那不是相信，而是根據經驗。

他一再的發現如果這個人不在旁邊，他會走到某個地方。有這麼多美麗的路和小徑；會有想去走走看的慾望。但這個人不只知道路，也知道夥伴會有的欲望。他會不斷告訴他：「不，不要考慮那條路，那個欲望會帶來災難。」弟子有很多機會體會到這個人的經驗、透徹和正確，信任因此誕生了。所以這不只是相信或信仰。它是存在的、實驗過的、科學的。

師父和弟子的關係是其中一個最具存在性的關係——不是想像的、虛構的、不是根據建議、不是根據別人說的話，而是你看到的、經驗到的。而且它會持續加深。會有一個片刻來到，不可能懷疑這個人了——不是因為師父說：「不要懷疑。」相反的，師父會說：「不要錯過任何懷疑的機會，因為那就是你如何增長智慧的。去懷疑，全然的懷疑。」師父會這樣說是因為他知道懷疑是無法對抗真理的。

對於虛構的事物，懷疑是危險的；懷疑會摧毀虛構的一切——但懷疑會強化真實的。

師父和弟子之間的關係屬於無盡的智慧。不是一般人認為的——他們會變成奴隸、心智上會依賴師父、會失去自己的個體性；不能懷疑、懷疑是禁止的、相信是有幫助的，不。和真正的師父在一起，情況是完全不同的。懷疑是有幫助的，因為師父不擔心——你可以盡可能的懷疑，但儘管有所懷疑，你仍得接受事實。那不是心靈上的奴役，而是獨立的。

師父的努力在於給你更多的個體性。當然，他會拿走你的人格。你得了解其中的差異：個體性是你的本性，人格只是一副面具。而面具得被拿掉，你的本來面貌必須被發現。如果你是不真實的，你就無法和實相連結。

只有真實的可以和真實的會合。

你想要最終的自由？那你的第一步必須是成為自由；最後一步才可能成為自由。如果第一步不是自由，那最後一步就不可能是自由——因為是同樣的東西在成長。

師父和弟子之間的關係是個實驗室，虛假的必須被燒毀，固有的必須被發現。我們失去的是固有的。那是我們的痛苦、憂慮和悲傷——我們不知道自己是誰。所有我們知道的一切是如此的愚蠢。

有一個蘇菲故事可以幫助你。

一個蘇菲神秘家去參加一個盛大的集會。所有的旅館都客滿了；他一間間的詢問，直到半夜，他感到疲倦。直到某個旅館經理很同情他：「我可以做些安排，但我無法讓你自己有一間房間。有個房間已經住人了；房客認識我，所以我可以說服他，讓你可以跟他睡一間。不然你能去哪兒？如果你願意，我可以幫你問問。」

神秘家很疲憊。他說：「任何地方都行，只要能讓我躺下來。我已經走了一整天。請給我一點東西吃，並問問你的朋友。」

那個人說：「我沒問題。」然後一張床被搬進去了。當神秘家進了房間，那個人看著他，覺得他有點奇怪——衣物、鞋子、帽子都不拿下來就上床睡覺，但為此打擾他似乎不太好，於是他保持沉默。但神秘家在床上翻來覆去，很難入睡。衣物、鞋子和帽子都不拿下來要如何入睡？由於神祕家翻來覆去，造成另一個人也無法入睡。

他說：「聽著，你如果不想睡，也請讓我睡。只要拿掉鞋子、帽子和衣物。放輕鬆，然後就能睡著了。你現在這樣不是睡覺的方式。」

神祕家說：「我知道，但我已經很習慣這些東西了。如果我明早照鏡子發現帽子不見了，我會納悶——『這個人是誰？』這些東西代表了我。問題是：如果房間只有我一個人，我會把房間鎖上，拿掉身上的一切。但你也在這兒。這些東西可能會混在一起，到了明早，對我會很麻煩——誰是誰？因為你赤裸的睡覺」——這是個炎熱的國家——「我也想要赤裸的睡覺。但兩個人都赤裸的睡覺，到了明早——你要如何分辨誰是誰？」

另一個人笑了。他說：「那真的是個大問題，我有個建議。這個房間的上一個客人的小孩留下了一個小氣球，所以我會把它綁在你的腳上。你可以赤裸的睡覺——只要記住氣球是綁在你的腳上，到了明早，當你看到氣球，你會清楚的知道你是誰。」

神秘家說：「這是個好方法。」他脫了衣服，把氣球綁在腳上就睡了。

另一個人，在凌晨的時候，把神秘家腳上的氣球拿走，綁到自己的腳上後去睡覺。當服務員敲門送早餐時，神秘家看了自己的腳。他說：「我的天，我覺得我是我，但氣球呢？」然後他看了另一個人，氣球在他那兒。

他搖了那個人說：「我擔心的事發生了——氣球在你的腳上，所以你就是我。但誰要告訴我是誰？內心深處，無論有沒有氣球，我都知道我是誰。但現在這是很大的困擾。」

我們的身分就像那個氣球——一個別人給你的名字，一個尊稱。你是個丈夫、妳是個妻子、你是個父親、你是個哥哥，你是這個或那個。這些身分都是綁著你的不同氣球，使你感覺知道自己是誰。但如果這些氣球都被拿走，那你能知道你是誰嗎？你感覺你是你自己，但你是誰？

師父的功能就是從你的人格中，一個接一個的拿走這些氣球，同時不讓你感到困惑。一旦所有氣球被拿走，人們會發瘋，因為他們將不會知道自己是誰。

什麼是瘋狂？

我去過一個精神病院，有個人不斷的向左走、向右走、向左走、向右走。我問院方：「他在做什麼？」

他們說：「他曾經是一個陸軍上尉。一整天就是向左走、向右走、向左走、向右走——一個迫切想要記住自己是誰的努力。他想要找回自己的身分。」

不知道自己是誰確實是一個很大的苦惱。

存在於師父和弟子間的整個實驗室的功能、師父的整個方法，就是他使用不會讓你發瘋的技巧和方法拿走你所有虛假的身分。不但沒發瘋，相反的，他會幫你超越頭腦，進入靜心。

瘋狂和靜心有一種相似性。

一個是低於頭腦的，另一個是高於頭腦的。

兩者都在頭腦的範圍之外。

一個是崩潰，另一個是突破。

如果沒有師父，當你失去了身分，你隨時都可能會精神分裂。師父會持續支持你，不斷一層又一層的拿走你的人格。你會因為對於他的愛和信任而讓他拿走你的身分；你知道他不會傷害你。你準備要冒險。

師父的方法就是讓你做好冒險的準備。一旦你冒了險，一旦你沒有任何人格，只是一個純粹的個體——同時又保有你的智慧和清醒的神智——靈魂的黑夜就結束了，早晨已經很接近了。你很快就會看見曙光。

持續的問我這個問題，因為這個關係有很多層面，我無法用一個答案涵蓋它們。

奧修，你是從山頂傾瀉而下的瀑布。你是從天空落下的夏雨。我鍾愛的，你是海洋的洋流。而我在這兒，只是一個杯子，任你流入我。深入看著你的雙眼，看著你的笑容，坐在你的身旁，沐浴在你的慈悲中⋯我無法把目光從你身上移開，我不想錯過你的任何手勢、神情、話語和笑容。謝謝你，能在這一刻和你在一起，謝謝存在，讓我能和這個師父在一起。

這不是問題，而是答案。

如果你對存在是感激的，那就沒任何需要做的了；你已經知道祈禱的本質了，你已經知道所有靜心的精髓了。

深深的感激中落下的兩滴淚就夠了。

旅程不是漫長的；之所以漫長是因為我們從沒走出第一步。中國有一句古老的諺語：「走了第一步就走了旅程的一半。走了兩步，旅程就結束了。」第一步是什麼？——感激。要了解感激這個字的美和它背後的真實意義。它不是屬於基督教的、回教的或印度教的；它不是男性的或女性的，不是白色的或黑色的——只是純粹因為我們沒有資格得到卻又得到的喜悅。

那個未知的，給予了這麼多，而且它持續給予。不把它視作理所當然就是宗教的開始。

感激就是進入聖殿的第一步。

第二步甚至無法用語言翻譯出來。它在第一步之後自然來到。有無數人努力想要用文字、定義和解釋來形容它；但都失敗了。

有一個偉大的神秘家，臨濟，曾坐在河岸邊。有個人走了過來，他在找臨濟。他去了臨濟住的地方，他們說：「你也許可以在河邊找到他。這個時候，他會坐在那兒。」

於是他到了那兒，他問臨濟：「我長途跋涉而來，想知道——我不是學者，我是一個單純的人。所以請給我根本的教導。」

臨濟閉了眼睛，靜靜的坐著。

那個人說：「你有聽到我說的話嗎？我提出一個問題，你沒回答我卻閉上了眼睛。」

臨濟說：「這就是答案，最簡短的：只要閉上眼睛，寧靜的——你說你想要最簡短的答案。」

那個人說：「這太短了。再多一點。」

於是臨濟在沙灘上用手指寫了「靜心」。

那個人說：「那沒太大幫助，效果一樣。仍是閉上眼睛，靜靜的坐著——那就是靜心的意思。你不能給我更多一些嗎？」

臨濟寫了巨大的字：「靜心」。

那個人說：「你瘋了嗎？——那是一樣的。」

臨濟說：「如果我再做更多，就超過真理的界線了。那時它會是個謊言，我可以編造它，但那已經不是真理了。當我閉著眼睛靜靜的坐著時，那就是全部了。」

所以第一步是感激，第二步則是絕對的寧靜——甚至沒有感激，因為那也會是個微妙的打擾。

無物就是第二步，然後你就抵達了。

奧修，和你在一起工作的這些年，我感覺在當下沒有任何事要做，除了放鬆，讓生命主導。是這樣的嗎——還是我變懶惰了？

兩者都是。讓生命主導，而你也變懶惰了！但懶惰正是我的全部教導。我是懶人成道的嚮導。

第二十二章
一個沒有終點的旅程

奧修，我沒有做任何努力，沒資格得到你無限的愛和慈悲，因此我無法做任何事來適當的表達我對你的感激。我向你祈求，我的主，請給我力量去對抗那些醜陋的人、對抗那些殘酷的人、對抗那些在殘暴當局的協助下想要摧毀你的人。

有很多事要了解。第一——最基本的——愛和資格無關。沒有任何方式可以得到它。它無法被掙得，你無法做任何事得到那個配的上它的資格。它純粹是一份禮物。

這就是愛在這個世界如此珍貴的其中一個原因，因為我們期待人們應該要有得到它的資格，只有那時，他們才能得到它。愛不是日用品。而是一個不屬於世界的價值觀。你愛某人，但無法說出原因。你無法回答，你只能說：「我愛。」沒有任何理由。

所以不要因為沒有為我做任何事而感覺自己是不值得的，我所有的愛都在這兒等著你取用。

必須記住，這不能只存在於和我的關係中；這必須成為你深入愛這個現象所得到的洞見。沒有任何原因的愛著人們——愛就是好的、美麗的、本質上就是喜樂的，問題不在於對方是否值得你的愛。你處於愛的狀態就像一朵雨雲——充滿了雨水，隨時準備要灑落。你不在乎雨水落在石頭上或乾枯的地面，那不是你在意的。你在意的是，你是如此充滿和泛濫以致於你必須分享；那是你無法負荷的重擔。同樣的東西透過分享就變成了喜樂，如果不分享就變成了重擔。

隨時感激那些接受你的愛的人。不要期望對方感激你——那是錯誤的態度，我們就是這樣把這個世界變成沒有愛的世界。我們期待被我們愛的人感激，那是完全錯誤的，因為對方可以拒絕你的愛；你必須感激對方接受了、敞開了心、讓你給予愛。還需要什麼資格呢？

對我而言，如你所是的，你值得我的愛和慈悲。只是成為有接受性的，你就掙得了它。只是敞開的，你就掙得了它。現在，因為你的感激，你甚至可以得到更多的愛。

第二：你擔心我的安危，在意那些想摧毀我的人。這是自然的，但記住一點：無論殘暴的力量有多強大，無論人類的獸性有多殘忍和醜陋，都無法摧毀生命中的那些擁有更高價值的。它無法摧毀愛、慈悲和真理。最多，它只能摧毀身體。

和我在一起，要學到的基本的一課是，我們不是身體，我們是永恆的靈魂。房屋可以被燒掉，身體可以被摧毀，但意識永遠不受影響。

因為這些暴力和不人性的行為，殘酷持續譴責自己。當蘇格拉底被毒死、耶穌被釘上十字架或曼蘇爾被殺，沒有任何東西因此失去；只有非人性的部分變得越來越微弱，開始有罪惡感，自認為犯了罪。

我想到猶大。他背叛了耶穌，為了三十枚銀幣把他交到敵人的手上。耶穌被釘上十字架時，猶大正站在群眾裡。耶穌說：「天父，原諒這些人，因為他們不知道自己在做什麼」——一個很大的震撼；猶大在二十四小時內自殺了。在山中的一棵樹上吊了。他殺了自己，那三十枚銀幣就在地上。

醜陋的一切無法勝利。不是力量會獲勝；而是寧靜、愛和意識在持續獲勝。看看整個歷史——有權勢的人在人類的成長上沒有任何重要性，他們無法阻礙任何真正有價值的一切。

所以不用擔心。你能做的就是更有愛——因為我們得用愛對抗核武，我們得用玫瑰花對抗子彈。不用擔心那些小爭鬥。在戰爭中，你會輸掉小爭鬥，那些爭鬥不是決定性的；最終的勝利才會決定一切，而我們正朝著最終的勝利前進。在人類存活之際的每一天，我們變得越來越靠近佛陀——而不是越來越靠近成吉斯汗、納迪爾沙、帖木兒、希特勒或雷根。他們也許有權有勢，但存在不站在他們那一邊；存在是絕對支持意識和所有讓世界更有意識的一切。

存在是一個變得更有意識的實驗，而人是實驗中的重點。會有很多問題和困難——但它們都是挑戰，使我們更警覺。最終而言，它們不是和我們互相對抗的，但也許為了讓我們醒來，它們是需要的。

存在對人類下了很大的賭注；否則，人只會是字面上的意義——它來自於「泥巴」這個字。「人類」則來自於「腐殖土」這個字。泥巴和人的差異是什麼？差異不是數量上的，而是性質上的。人不只是有生命的，還是有意識的，而且擁有完全意識到自己的潛力。

同情那些仍活在黑暗中的人、同情那些像動物一樣爬行的人、同情那些思想不合人性的人。也許你的慈悲和愛可以幫助他們。沒別的東西可以幫助他們了。

但只有不譴責他們，你才能夠愛他們。除非你是慈悲的，你才會感到憐憫，才會深深的擔憂他們尚未進化的靈魂。這是唯一能幫助他們的方式，也是對我的工作唯一有幫助的方式。

奧修，有天晚上，只是坐在你的腳旁就讓我感覺很棒，感覺我的心完全和你和諧一致，而頭腦變得越來越少用到。但拉瑪克理虛納的故事像閃電般的打擊了我。感覺它是如此的正確卻又令人痛苦。對師父的情感——心對心的交融，也是幻象嗎？全然的處於心不是旅程的終點嗎？

這個旅程沒有終點。

會有過夜時所做的停留。要把你帶出頭腦，心是需要的。心比頭腦更接近實相；頭腦是最遠離實相的，它是你存在的圓周。而心就在圓周和圓心之間。

師父必須小心，不能給你無法達到的目標，因為你會覺得：「這不適合我。太困難了。」

有一個道家的寓言：有一個老子的雕像，道家的創立者。有個年輕人惦記著好幾年，想要去山上看看這個雕像。他喜歡老子的話語、說話的方式和生活的方式，但他從未看過老子的雕像。因為沒有任何道家的廟宇，所以雕像很少見，而且它們都在山上——座落在空曠的、山壁雕刻出來的——沒有屋頂、沒有廟宇、沒有教士、沒有人膜拜。

好幾年過去了，有很多事要處理。但終於在某天晚上，他決定必須去看看——那兒沒很遠，只有一百哩——但他是個窮人，只能用走的。在半夜——他選擇半夜，妻兒和親人都睡著了，不會有麻煩——因為天色很暗，他拿了盞燈，然後離開了村子。

離開村子後，當他走到第一個路標時有了某個念頭：「我的天，一百哩！我只有兩隻腳——我會死掉。我在要求不可能的事。我從未走過一百哩，而且沒有路……」那是個山中小徑——而且很危險。所以他心想：「最好等到早上，至少會有日光，我可以看得更清楚；否則我會摔到某個地方。還沒看到雕像就死了。」

於是他坐在村子外，當太陽升起，有個老人經過。看到這個坐在一旁的年輕人；他問：「你為什麼坐在這兒？」然後年輕人說了原委。

老人笑了。他說：「你沒聽過古代的諺語嗎？沒人可以同時走兩步，你一次只能走一步。無論是身子好的人、體弱多病的人、年輕人或老人——都一樣。諺語還說：只要一步接一步，一個人就可以走一萬哩」——而你要走的只有一百哩！你似乎是笨蛋。誰說你得一直走？你可以慢慢來；走十哩後可以休息一、兩天，享受這一切。這是其中一個最美麗的山谷，其中一個最美麗的山，樹木結滿了果實，你從未吃過的果實。總之，我正要去；你可以跟我一起。這條路我已經走過無數次，而我的年紀至少是你的四倍。站起來！

老人是如此有權威：當他說「站起來！」年輕人直接站了起來。他說：「把你的東西給我。你還年輕，沒有經驗；讓我拿。你只要跟著我，不管你想要休息幾次都沒問題。」

老人說得沒錯——當他們越來越深入森林和山裡，景色變得越來越美。野生多汁的水果⋯他們稍作休息；無論他想要什麼，老人都準備好了。年輕人很驚訝，老人從未說要休息。但每當年輕人說想休息，老人就跟他一起休息——一到兩天，然後他們再出發。

走了一百哩後，他們看到了其中一個最美麗的雕像，其中一個曾行走在地球上的最偉大的人。連他的雕像也是不凡的——不只是個藝術品，那是道家的藝術家創造出來的，呈現了道的靈魂。

道相信放開來。它說你不用游泳，只要隨著河流，讓河流帶著你到任何地方，無論它流到哪兒——因為每條河最終都會抵達海洋。所以不用擔心，你會抵達海洋。不需要緊繃。

那個雕像單獨的座落在那兒，旁邊有一個瀑布——因為道被稱為水的方式。就像水的流動不依賴任何指南、地圖、規則、戒律⋯但奇怪的是它的方式是非常謙遜的，因為它總是尋找最低的位置。它從不往上走。它總是往下走，但它會抵達海洋，它的源頭。

它的氛圍正是道家思想「放開來」的代表。老人說：「現在，旅程開始了。」

年輕人說：「什麼？我以為旅程結束了。」

老人說：「那正是師父對人們說話的方式。但事實是現在——從這一刻起，在這個氛圍中，一千零一哩的旅程開始了。我不打算騙你，因為一千零一哩後，你會遇到另一個老人——也許是我——會對你說：『這只是暫時停留，還要繼續走。』繼續走就是整件事的重點。」

要讓你離開頭部往下走，會用到心；師父說心對心的交融是需要的。那似乎是可能的，因為心並沒有離你很遠。而且你有過一些心的經驗。你愛過某人——妳也許是個母親、你也許是個丈夫、弟弟、朋友——你知道有些事是不屬於頭部的。心並不是完全未知的。

無法讓弟子看見的是那個絕對未知的——不是透過熟練的師父——而是某個似乎真實的。所以師父才談論心對心的交融。

那比發生在兩個頭部間的溝通還要深入。它是非常令人滿足的，但只是短暫的過夜停留。到了早上，我們再度出發，因為你的存在在那兒。從心到頭腦是走向圓周，存在則是相反的方向，走向圓心，但兩者的距離是一樣的。

一旦你抵達心——知道了它的喜悅、它的歌、它的美，現在你可以再往前走遠一點。將你帶到心的師父也創造了信任——他知道自己在說什麼，他知道方法；他不只是個思想家，他是在分享他的經驗。他已經走過那條路很多次，熟悉每個地方。他說：「還會有更多：那是存在對存在的接觸，那個交融會變得跟溝通一樣稀鬆平常。」

他引誘你、說服你：只要一百哩就能和師父在存在的層面上會合。一旦你抵達了那個層面，他就會說：「現在，真正的旅程開始了。直到現在，我們只是在為它做準備；那是前置作業。」

從存在的層面抵達宇宙意識……

旅程是沒有盡頭的，但狂喜會持續加深。

每走一步，你就變得更多；你的生命變得更有活力，你的智慧熾烈的燃燒著。沒有人會停下來。一旦求道者抵達了他的存在，他自己可以看清楚前面的一切——無數的寶藏。直到抵達存在的層面之前，說服是需要的；那一百哩是最困難的。一百哩後，也許還有一千零一哩或者無窮盡的旅程——都不會造成任何差別。現在你知道實相中沒有任何目的地；談論目的地只是為了剛開始的人，一無所知的人。但旅程即是目的地。

旅程本身就是目的地。

它是無止盡的。它是永恆的。

你會看到星辰、你會進入未知的空間、你會有未知的經驗，但你永遠無法來到一個你可以說「現在我抵達了」的地方。任何這樣說的人並沒有走在對的路上。他還沒開始旅程，他還沒跋涉過；他只是坐在第一個路標旁。

但每一步也是痛苦的——那是甜蜜的痛。你抵達了心的層面，那是如此美、如此充滿愛，以致於你會想要留在那個層面。認為沒有必要去任何地方了，似乎一切都已經達成了。

但你必須離開它。

那個分離會有點痛苦，但那個痛苦很快就會被忘掉——因為會有越來越多的喜樂灑落於你。你很快就會知道：不需要因為離開短暫停留的地方而感到痛苦。你開始習慣了，你知道旅程是無止盡的。寶藏變得越來越多，你並沒有失去任何東西。但停在任何地方則是個損失。所以沒有逗號、沒有句號、甚至沒有分號……

你將會熟悉這個離開美麗的地方前往更美麗的地方的甜蜜痛苦。

奧修，你為什麼總是用第三人稱來談論師父？

因為我只是個觀照。

我身為師父的功能並不是我的身份。

就像某人是水管工，某人是外科醫生；我是個師父——但那是功能上的，不是我的實相。所以我用第三人稱來談論。

我持續用「他」來談論——我不使用「我」——只是為了使你意識到我是比師父更多的，我看著師父。就如同你在看他，我也在看他。你從某一邊看，我從另一邊看。

但我跟他是不同的，就如同你跟他是不同的。

奧修，這些問題有什麼意義？我想到的問題大部分都是我的自我在運作。有些問題我可

以自己回答，有很多問題在以前就被回答過了。

你沒發現是同樣的自我在這個問題中嗎？你不知道這個問題的答案嗎？你不知道這種問題以前已經被問過很多次了嗎？那你為什麼還要問？

首先，你認為你想到的所有問題，都是你的自我的涉入——但你認為你的自我會因為不提出它們就消失嗎？如果你的自我涉入其中，那就提問題以便我可以打擊你的自我。

你說：「有很多問題出現，而我發現我已經知道答案了」——但你怎麼知道你的答案是對的？

提出那些問題，以便你可以知道你的答案是否正確。

你說有很多問題出現，但它們以前已經被問過很多次。那對你有幫助嗎？很多人以前都戀愛過——那你是否還會戀愛？很多人以前活過，現在還活著——那你在做什麼？你甚至不需要再活一個片刻，因為有很多人在活——為什麼要重複它？以前有無數人活過。無論你坐在哪兒，你坐的地方都至少死過十個人。

我一直在強調——你有沒有在聽？——我回答的是人，不是問題。所以同樣的問題可能會被問一千次——我會用一千種不同的方式回答那個問題，因為提問的那些人是彼此不同的。他們在意的地方不可能是相同的；是語言造成了假象。

我很喜愛一個佛陀的故事。有個人在早上問他：「我是個無神論者，不相信神。你怎麼看呢？」

佛陀說：「神存在，比你的存在還要多。」他的比丘感到震驚，特別是阿難，他常伴隨在佛陀身邊。

當天下午，另一個人來訪，他問：「我是個有神論者，相信神的存在。你怎麼看呢？」

佛陀說：「神不存在，從未有任何神存在過。」

現在這更令人震驚——不只對那些人而言，還有那些聽到兩種答案的人。

到了傍晚，第三個人來到，他問：「我對神一無所知。你是否可以幫助我？」

佛陀閉上了眼睛，靜靜的坐著。

阿難感到震驚，因為那個人也閉上了眼睛，靜靜的坐著。一小時過去了，那個人張開了眼睛說：「要如何感謝您？我不知道該說什麼。您回答了我。」他流下了喜悅和感激的淚水，觸碰了佛陀的腳，親吻他的腳，然後離開了。

阿難快發瘋了！等到沒人的時候，他關了門說：「這太過分了。你會使我們發瘋！對某個人說神存在，又對另一個人說神不存在。對第三個人卻沒回答，只是靜靜的坐著——但他卻得到了答案，流下了感激的淚水，親吻了你的腳。怎麼回事？我們究竟支持哪一個說法？」

佛陀說：「放輕鬆，這時候該睡覺了。記住，那些答案不是給你的。你為什麼在意？你不能稍微警覺點嗎？我是在特定的情況下回答特定人的問題？你不是那個人——那些問題或答案都不是屬於你的。你何必在意？那和你無關。就我而言，在那三個情況中，我一直是前後一致的。」

「第一個人說「我是不相信神的無神論者」，他需要被重擊，因為他的無神論只是一個哲學觀點。他只是在思考，你無法透過思考決定神是否存在。為了推翻他的想法：他來這兒的目的——得到我的支持。他要我說「是的，你是對的。」然後他的自我會更膨脹，他的觀念——神不存在——會更根深蒂固；然後他就能對其它人說「不只我這麼說，佛陀也說神不存在。」他只是想要我的支持。我不能支持任何頭腦的遊戲，我必須摧毀他的頭腦。我必須對他大喊：神存在！比你的存在更多。」

「第二個人是有神論者，但頭腦的遊戲都是一樣的。他相信，他並不是真的知道。他相信有一個創造世界的神。他來這兒的目的也一樣，得到我的支持——因為頭腦總是多疑的，它需要其它人的意見來支持它。如果像佛陀這樣的人同意你，那這個想法就會是非常確定無疑的。問題不是那個想法是什麼；而是它只是個頭腦的遊戲。一個是無神論者，一個是有神論者，但兩者都在玩同樣的遊戲。我必須摧毀那個遊戲。所以我得對第二個人說：神不存在，從未有過神。」

「第三個人是完全不同的情況。他沒有任何頭腦的投射。他說：我不知道任何關於神的事。」他是完全單純的，隨時準備要聆聽。他來這兒不是為了讓人支持他的想法。而是為了知道事實、真理——「關於神的真相是什麼？我什麼都不知道。」他沒有什麼要摧毀的。所以我給了他真正的答案：保持寧靜。當我變得寧靜——他是個單純的人，像個小孩——看到我靜靜的坐著，也許這就是答案，於是他也靜靜的坐著。一小時的寧靜，加上他的單純，給了他某種程度的明晰和了解。他因此充滿了感激。他沒提出相關的問題，但他得到了答案。

寧靜就是神；或者更準確的說，寧靜就是神聖。寧靜就是神性的。

你說你想到的那些問題在以前就被問過了——但不是你問的。它們一定是別人問的，答案是給那些人的。不是給你的。你現在在這兒，不要這麼笨。當你可以替自己得到答案，何必還要接受我以前給別人的答案？那個時空背景是不同的。

是的，當我走了，你可以從書中得到我給別人的答案。但當我在這兒和你在一起，錯過機會則是純粹的愚蠢。如果你知道——那就不會有任何問題——或者你不知道，那就會產生問題，最好還是提出來，不是把它們藏起來，認為它們只是自我的運作。

看到你的問題，我的感覺是不提問才是自我的運作，因為提問表示你接受了你的無知，不提問使你保持是博學的，你認為你知道，但實際上，你仍跟其他提問的笨蛋一樣。

奧修，師父和男弟子的關係以及師父和女弟子的關係是否有任何不同？

所有的弟子都是女性的，所有的師父都是男性的。

成為弟子的特質就是女性的特質——接受、敞開、信任、愛、深深的臣服。

為什麼很少有女師父？那不是巧合。只有幾個人——因為整個歷史上只有幾個女師父。

可以用一隻手的手指數完。

迦姑是最古老的。她出現在吠陀經中。其中一個最偉大的國王——基督教學者說她出現於五千年前，印度教學者說她是九萬年前的人…我無法說印度教學者是錯誤的。他們的論點是無懈可擊的，基督教學者也無法反駁。

基督教學者遇到了困難，因為基督教說世界是六千年前誕生的——他們因此遇到了困難：一切都得發生在六千年內。框架已經有了，他們得把一切都安排在六千年內，不能超過，因為世界在那之前還沒誕生。

但吠陀經造成了他們的問題。其中一個偉大的學者，提拉克，證明了梨俱吠陀有九萬年之久。他的論點一直無法被駁倒，至今幾乎有半世紀之久，我不認為未來有任何駁倒的可能——因為它不是根據邏輯，而是天文學。

在梨俱吠陀中，有一段九萬年前關於星座的描述。西方的天文學家都同意：某些星座沒有再出現了。只出現過一次，那是在九萬年前。而且描述得很詳細以致於不可能——如果梨俱吠陀是五千年前寫下的，那麼是誰描述八萬五千年前出現的星座？而且他們沒有任何儀器。除非他們用自己的雙眼看到，否則沒辦法。

迦姑是其中一個最古老的師父。

其中一個國王召集了會議，邀請了當時所有偉大的哲學家。那在印度是常見的，國王召集了由偉大的學者、哲學家和聖人組成的會議，討論如何解決問題。贏家會得到很豐厚的獎賞。這次，國王提供的獎勵是一千頭牛，牛角上貼滿了黃金和鑽石；贏家將能拿走這一千頭牛以及所有的黃金和鑽石。

當時其中一個最重要的哲學家是祭言。他非常肯定自己會贏：他有自己的學校、弟子和他們的家人；他帶來了挑選過的弟子。那一千頭牛就站在皇宮前面，最美麗的牛，牠們的角在陽光下閃耀著。他對弟子們說：「你們可以把這些牛帶到學校裡面。就辯論而言，我將會勝利——何必讓這些牛在烈日下受苦？」他在辯論前就非常肯定他會拿走獎勵。

無數個學者圍觀著，沒有一個有勇氣說這個行為是不妥當的。他們都知道他會贏；最好還是不要說話。

但有個女人站了起來，她是迦姞。她說：「停止。你不能拿走那些牛——迦姞還活著！」會議廳一陣寂靜。連國王也不敢相信迦姞會提出挑戰。她說：「不要浪費時間和其它人辯論。讓我提幾個問題，如果你可以回答，就能帶走那些牛。如果你無法回答，我的弟子會帶走那些牛。」

而她真的提出了無法回答的問題。她問：「誰創造了世界？」

祭言說：「這不是個好問題。每個人都知道是神創造了世界。」

迦姞說：「那和每個人是否知道沒有關係。你知道嗎？這是你和我的辯論——你知道神嗎？你有看到神嗎？」

現在，這是非常棘手的問題。如果他說有看到，那表示當世界誕生時——他就在那兒。

如果他說他沒看到，那憑什麼——只是大眾的看法？這個辯論和大眾的看法有關嗎？

祭言沒講話。

迦姞說：「如果你無法回答，請國王作證。我要再問你：誰創造了神？——因為邏輯上，似乎萬物都是被創造的；否則存在不需要造物主。如果存在需要神充當造物主，那同樣的邏輯也應該適用於神。是誰創造了神？」

祭言變得很憤怒。他忘了他的智慧，證明他只是個老師，不是師父。他說：「迦姞，如果妳敢再說一句話，妳將會人頭落地」——他拔出了劍。

迦姞對國王說：「這樣就足夠證明他輸了。」她要她的弟子把牛帶走，並對祭言說：「把你的劍收好。這是智者間的會議，不是戰士的會議。下次記得先做好準備。」

這個女人是第一個師父，但她的行為顯示出她不是女性的，完全不是——如此英勇無畏。她有成為師父的資格，而她也確實是個師父。

第二個偉大的女人是耆那教其中一個最偉大的師父，瑪里貝。他們把她的名字改成瑪里納，這樣就沒人知道耆那教的二十四個偉大的師父有一個是女人。甚至連雕像，二十四個都是男性的——耆那教的渡津者是赤裸的，你無法隱藏男性和女性的差異。

我問過耆那教的僧侶和思想家：「瑪里貝是怎麼變成瑪里納的？女人的身體如何變成男人的身體？」沒人能回答。他們只能說這已經好幾世紀了；經典中沒有任何地方提到。但我知道答案；我的答案就是瑪里貝的行為像個男人——她是個師父。把她的名字換成瑪里納以及把她的雕像換成男人的雕像是完全適當的。這是個象徵：當女人變成了師父，她會產生男性的特質。

如果一個男人變成了弟子，他會產生女性的特質。這沒有任何錯。特質就是特質，所有美麗的特質都是女性的——愛、信任、慈悲、感激和臣服。所有美麗的特質都是女性的。

男人有勇氣，甚至有獨自求道而不依賴任何人的膽量；強大到去冒險，即使要用好幾世的時間。身為弟子，他也許可以在一世內達成，但他想選擇比較漫長的路——跌跌撞撞的、誤入歧途，但不要任何幫助。他是個戰士，他的路是屬於戰士的。他幾乎是在和存在對抗。

弟子不和存在對抗。相反的，透過師父，他和存在建立了深深的交融。

所以就我所看到的，所有的弟子都是女性的，所有的師父都是男性的。但不該有平等或優劣之分。他們是獨特的。就如同男人無法懷孕——那不表示他是比較差的。

有些愚蠢的科學家試著讓男人懷孕。讓無知的人處理就一定會發生這種事。沒必要的浪費能量⋯另一方面，我們教導女人節育——這些笨蛋試著要讓男人懷孕！他們以為這是很棒的想法。一定也會有些笨蛋準備要懷孕——先驅者。但不需要，有女人就夠了。

問題和性徵無關；男人或女人還有很多層面。其中一個層面就是有些內在的特質會使女人比較容易成為弟子。也有些男人擁有這種特質——那些特質不是任何人專屬的。有些男人比女人還要柔軟、有愛心、更懂得感激——但那些特質都是女性的。

你會驚訝的知道，我常被問為什麼女師父這麼少？——理由很簡單⋯為什麼所有偉大的師父都是男人？理由很簡單：那和優越性無關。

要當一個師父，需要不同於當弟子的特質，兩者會共同創造一個和諧的整體。所以當師父和弟子相遇，一個有機的整體就真的發生了；否則師父只有一半，弟子也只有一半。只有當師父和弟子在一起，那個和諧才是完整的，那是個奧秘——兩個身體，一個靈魂。

但要這個狀態發生，這些完全相反的特質是需要的，因為它們運作起來會如同互補的特質。

奧修，和你在一起越久就越發現到我對於弟子對師父的臣服了解的很少。你是否可以談談臣服的意義？

那不是了不了解的問題。忘掉「臣服」這個字。

你可以愛嗎？你可以信任嗎？那臣服就會自行像影子一樣跟著。

你的問題是你想要先從理智上了解臣服。對理智而言，頭腦或自我——兩者都會拒絕。「臣服？你不能屈服任何人或被任何人奴役」——因為「臣服」這個字有這樣的言外之意。

某個國家在戰爭中向另一個國家投降。某個摔角手在摔角中向另一個摔角手認輸。臣服已經失去了它的美；它變成醜陋的、粗俗的、暴力的。拋棄那個字。

你只需要想到愛和信任，如果這兩個可以發生，你有一天會發現，臣服也發生了。

臣服不是一種奴役。它是自由——不被自我束縛的自由。但你從不會對誰臣服，除了你的自我。

師父只會拿走你沒有但卻以為自己有的東西。他會持續給你那些你擁有但卻完全忘掉那是你的本性的一切。

第二十三章
「無為」就是我的劍

奧修，我在要求點化前有個困擾，我認為點化就是承認自己是不健康的。我很困惑，我也不放心告訴其它桑雅士。之前聽你在普那說過，我們在成道前都是不健康的。你是否可以談談師徒間的關係以及醫生和病人的關係？

困惑就是我所謂的不健康的暗示。明晰就是健康。

你有聽過任何瘋子會承認自己瘋了嗎？如果他承認了，那就是清醒的開始。但沒有瘋子會承認他瘋了。

我想到幾個例子…

在尼赫魯擔任印度總理時，印度的精神病院內至少有一打人認為自己才是尼赫魯，是那個統治國家的冒牌貨把他們送進精神病院，這樣他們就無法揭穿他。

印度的巴雷利擁有最大的精神病院…尼赫魯那時正要前往巴雷利。有個瘋子被醫生認定已經治好了；他們想要在尼赫魯來參訪精神病院時，讓他親自釋放那個人。這個人將會很高興，同時也提升了醫院的名望。

那個瘋子被帶去見尼赫魯。那人問：「你是誰？」醫生有點緊張。這不是對總理講話的方式。

但尼赫魯說：「我是賈瓦哈拉爾尼赫魯。」

那個瘋子開始大笑。他說：「不用擔心。只要三年，你就會跟我一樣被治好了。這些醫生很棒。當我剛來到這兒，我也這麼想——我是賈瓦哈拉爾尼赫魯。現在你來了——奇怪的巧合，我要離開了，而你進來了。」

世界各地都發生過類似的情況。在二次大戰時，邱吉爾正在晨間散步。在某一段時間，會有廣播聲響遍整個城市。每個人都得進去屋內，關燈並拉下窗簾。彷彿倫敦消失了。但邱吉爾擔心著戰爭，忘掉時間了，當他聽到廣播聲，他已經離住處有好幾哩遠。根據戰時命令，如果任何人在廣播聲結束後還在路上逗留，他會被射殺，不需任何原因。於是他急忙的敲著附近住家的門——那是生死存亡的問題——有個人開了門。他說：「你是誰？」

他說：「你不認識我嗎？我是邱吉爾，這個國家的首相。」那個人抓住他；邱吉爾說：「你在做什麼？」

他說：「先進來，裡面還有三個邱吉爾——這是一間精神病院。你們四個人可以決定誰是真的。」

邱吉爾說：「聽著，我說的是實話。我真的是邱吉爾。」

他說：「他們也這樣說，每個人都說自己是邱吉爾。我們沒有標準可以判斷——他們都跟你一樣胖，也都抽雪茄。他們已經模仿邱吉爾好幾年了。等你看到他們，你會知道你不是邱吉爾；他們才是。」

邱吉爾說：「我的天，我敲錯門了。」

但那個人不讓他離開。他說：「留在外面是死路一條，你可以進來裡面等。到了早上，我們就知道誰是真的邱吉爾。」

當他看到其它三個人，他開始懷疑自己是否是真的邱吉爾。他們的穿著相同，抽同樣牌子的雪茄。他介紹了自己——我是溫斯頓邱吉爾。

其它三個人都笑了。他們說：「現在有四個邱吉爾了。這個國家真是每況愈下，所有的首相都在精神病院。那至少有一個是真的。」

邱吉爾說：「我可以打電話嗎？」

院方拒絕了：「他們都想打電話：可否打給我們的秘書、部長或內閣？這是不允許的。無論你想做什麼，明早就可以做了。如果你真的是邱吉爾，他們會來。沒有人為了這三個人來這兒，現在我們得等你的人。但不要想欺騙我們。」

沒有瘋子會承認自己瘋了。

你為什麼害怕成為桑雅士——因為我說過，除非成道，否則人不會是健康的，因為他不是完整的；他是個混亂。我說的不是一般的疾病。我說的是靈魂的疾病，你忘了自己，你認同的一切並不是你。

幾年前，在美國發生過：他們用一整年的時間大肆慶祝林肯的生日。他們製作了一齣林肯生平的戲，全美國都在尋找跟他長得很像的人。後來他們真的找到一個跟林肯長得很像的人，他們選了他。整年都讓他穿林肯穿的衣服，學林肯的講話方式和走路的方式。因為他將會用一整年的時間在美國各地巡迴演出。

林肯講話有點結巴，於是就教他講話結巴。林肯走路有點跛——有一隻腳比較長。所以讓那個可憐的傢伙做很多按摩和拉伸，以便一隻腳比較長。他開始像跛子一樣走路，講話結巴。訓練腔調的專家使他講話跟林肯一模一樣。他變成了跟林肯極為相像的人。然後持續一整年的表演。人們愛上他和他的表演，甚至連林肯都比不上他。

一年後，他回到家鄉，像林肯一樣的跛著走路，還有講話結巴。一開始，家人以為他在開玩笑，但他沒有；那已經烙印在他的腦海，他就是亞伯拉罕林肯。他會穿同樣的衣服，已經過時的，頑皮的小孩會跟在他後面嬉鬧：「林肯來了！」

他被帶去看心理醫生。當他進了診間…但那已經不只是他的某部分，不只是演戲。他非常認同以致於他對醫生說：「你應該對這個國家的總統尊敬點。」心理醫生做了很多次治療，但即使在療程中，他講話仍是結巴的——而他過去從未結巴過。那個腔調和他學習到的一切，一整年必須做的一切…

最後心理醫生把他的家人找來：「這個人無法恢復，因為那不是疾病。他已經接受了新的身分，除非讓他像林肯一樣被槍擊，否則他不會理會任何人。但射殺後就沒有意義了；他會死去，像林肯一樣死去。那會證明他說的是完全正確的。」

你的困惑就是你的疾病。你的頭腦就是你的疾病。處於無念的狀態就是健康的、完整的。

那就是成道的意思。你不再認同身體。你是否有想過…你曾是個小孩，你曾是個年輕人，你變老了──那個身體是你嗎？在第一天，當你的母親懷孕了，你在那一天有了一個身體。如果你看照片，那會只是小小的卵子──你會說這是你嗎？

如果那不是你，那你也不會是某某人，因為那個小小的卵子是個開始，你在子宮待了九個月，經歷了人類的進化過程。你先是條魚；那就是科學家認為生命起源於海洋的原因。但科學家直到最近才得到這個結論。在印度，幾乎一萬年來，大家都知道神的第一個化身是條魚，馬特斯亞。

有點奇怪，神選擇祂的第一個化身是一條魚──但神的意思就是「生命」，沒別的了；只不過一個是宗教上的用語，另一個是生物學上的用語。科學家說生命起源於海洋，但他們都同意生命的第一個外形是魚一般的。然後達爾文提出了猴子的概念，但在印度，好幾世紀來，我們一直虔敬的膜拜猴神哈奴曼，因為祂是我們的祖先。現在科學家也同意了，因為在子宮的最後一個階段是猴子般的──嬰兒看起來像猴子。

如果把從你成為子宮的一部分的那一天起，一直到你離開子宮的這段時間都拍成照片給你看，你將無法認出來哪張是你的照片。

即使在出生後，把一個人從小時候一直到七十歲的照片都保存下來，他也無法相信那些是他的身體。他還在那兒，但那些身體已經不存在了。

人不是他的身體。也不是他的頭腦。印度教徒有印度教徒的頭腦，基督教徒有基督教徒的頭腦，佛教徒有佛教徒的頭腦。頭腦是社會給你的。你攜帶著的只是一個頭部，它是塊白板，沒有寫上任何東西。你可以寫上印度教教義、佛教教義、錫克教教義、共產主義或其它胡扯的東西。而你沒有自由去選擇想要把什麼寫進你的頭部。在你意識到之前，社會已經用各種迷信填滿了你的頭腦。你並不是一個印度教徒⋯

每當國家要進行人口普查時，總會發生問題。官員會拿出表格，上面要填上我的宗教信仰。而我會說：「我沒有任何宗教信仰。」

他們說：「那你得填上無神論者。」

我說：「我也不是無神論者，因為如果神不存在，我不會浪費時間去否認任何不存在的東西。有些人膜拜祂，有些人否認祂——而祂根本不存在。不，我不是無神論者。」

但他們說：「這樣不行，這個表格不能有任何地方沒寫。」

我說：「我在這兒不是為了寫這張表格。你們拿走——不管如何我都不會投票，因為很難決定要投給哪個笨蛋。我這輩子還沒投過票。」

他們拿了戶調資料離開，一再的回頭看我——「這個人似乎很危險。他不但不填寫還說：

我不會投票，因為無法決定哪個笨蛋比較不笨，這是很困難的。你們拿走這些資料和表格。我只會是我自己。」

你不是身體，也不是頭腦——這些是你的疾病，你虛假的身分。成道的意思是回到家，回到那個你存在的中心。

你為什麼怕別人知道你變成桑雅士？怕別人知道你填寫了表格而成為一個桑雅士？——因為他們會認為你病了。但人類一直是生病的。

他們不會笑你。他們會欽佩你的勇氣，你接受了自己的疾病。這是讓它消失的開始。最困難的是當一個人不接受他的疾病；你是無法幫助他的。他會把藥扔掉，他會對著醫生把門用力關上。

我聽說穆拉納斯魯丁老了，很老——當人們變老，他們會變得很麻煩，越來越令人討厭。小孩是令人討厭的，但比不上老人，因為老人有經驗——他們的經驗、邏輯和思考方式支持著他們令人討厭的地方；他們了解世界，不會讓任何人安靜的生活。

當人們變老，他們無法入睡，因為睡覺的功能已經不存在了。胎兒在母親的子宮裡睡一整天，因為如果他醒著，那會打擾到他的成長。自然不讓他是清醒的，使他處於某種昏迷狀態，睡得非常熟以便他可以成長。科學家說在這九個月，胎兒以非常快的速度成長著。在往後的七十年，他不會再用這樣的速度成長了。

出生後，睡眠開始減少。小孩一天睡二十二小時，然後二十小時、十八小時、十六小時、十四小時……到了十四歲，他來到平均八小時睡眠的狀態。但當他過了五十歲，睡眠再度減少——因為現在他得為死亡準備。在母親的子宮裡，他為了生命做準備；他的身體在成長，頭腦在成長。那是難以察覺的過程；需要完全的寧靜。現在一切都在垂死……所以過了六十歲，人們開始變老。他們會持續相信過去的記憶、黃金般的日子——未來是黯淡的。等到了七十歲，一天兩小時的睡眠就夠了。

穆拉納斯魯丁已經九十歲了。他不需要任何睡眠了！如果他能保持安靜，那會很棒，但他做不到。他會叫醒每個人，開始講大道理，給每個人建議。他們會說：「你可以在白天做這些……」

他說：「你們在白天得做其它工作。到了晚上，你們都在家，沒別的事要做。」所以他會叫來每個人，弄醒他們，開始講些沒意義的道理。因為他是村裡最老的人、最被尊敬的人——能拿他怎麼辦？

他的兒女和孫兒都很苦惱：「這個家每天晚上都成了一個教堂。我們得找到某個可以讓他睡著的人。」很多醫生試過了——對抗療法、阿育吠陀療法、自然療法、順勢療法、民俗療法；沒人成功。最後他們找了一個催眠師，他說：「不用擔心。這是我的工作，讓人們睡著。」

納斯魯丁聽說他們找了一個催眠師。他說：「好，讓他進來。」

催眠師拿了一個袋子進來。納斯魯丁躺在床上。催眠師說：「聽著，睡覺是很容易的。

只要放鬆。我會給你建議，你只需要照著做。首先，我會建議放鬆身體，身體的每個地方，以便沒有殘留任何緊張。然後我會建議你進入睡眠……越來越深入。不要抗拒。」

納斯魯丁照著做了。他的家人很驚訝，因為他不是一個會聽從任何人的人——也許催眠師有某種力量。他開始給予建議。納斯魯丁放鬆了，全家人都很快樂；他們看到他的身體放鬆了，然後催眠師要他入睡……甚至催眠師也很驚訝，因為他不只睡著了，還開始打呼。全家人都很感激。他的收費是十盧比，但他們給了他二十盧比，並說：「你是唯一成功的人。」

當他們送他離開後返回家中，納斯魯丁張開一隻眼睛說：「那個笨蛋走了嗎？現在每個人都坐好，講道開始了：你們這些笨蛋，你們應該把那二十盧比給我，我可以整晚不說話。每晚給我二十盧比，我會保持安靜。不要這樣浪費錢。不和我做交易卻找這些笨蛋來。他三兩下就被我騙了——甚至相信打呼。誰聽過人們會在催眠中打呼？他甚至連催眠的基本觀念都不懂。」

每個人都處於困惑中，無論是年輕人、老人、病人或垂死的人，但沒人願意接受它。相反的，他把醫生弄走了，證明自己沒生病。

接受你的疾病就是獲得健康的開始。所以不用擔心；告訴那些桑雅士，你會走上那條路加入他們。他們不會嘲笑你。

那不是單一個人的問題；全世界都處於同樣的情況。只有偶爾會有一個人成道。不該如此，但不幸的，情況就是這樣。每個人都有成道的潛力——但第一步，你沒有勇氣說：「我病了，是頭腦的病，困惑的、精神分裂的。這一刻感覺正常，下一刻就感覺很差，我不知道我是誰，但我仍然拖著自己繼續生活。我對實相一無所知，但我仍然相信一切。我所有的知識都只是負擔。事實是，我是個病人。」

你的問題是切題的。師徒間的關係是什麼？——正是醫生和病人的關係。

我要說個小故事。

佛陀來到一個村子。有一個盲人是個偉大的邏輯學家，非常理性，全村都試著告訴他：光是存在的。但沒人可以證明。

沒辦法證明。除非你看見它，或者你看不見它，但沒有別的辦法。

盲人說：「我準備好了。我可以觸碰，可以用手感受。你把光帶來，我會觸碰它、感受它。」

但光不是有實體的。他們說：「它是無法被觸碰或感受的。」

他說：「有其它方式。我可以聞，我可以嚐。我可以透過打它而聽到它的聲音。但這些是我唯一的方式——我的耳朵、鼻子、舌頭、手——我準備提供一切。我該聽從自己的經驗還是你們說的話？我說光不存在；那只是被狡猾的人發明出來的，用來欺騙像我這樣單純的人們，以便可以證明我瞎了，你們看得見。整件事的目的就是你們不在乎光，你們要證明的是你們看得見而我看不見。你們想要證明自己是更優秀的、更高等的。因為你們無法在邏輯和理智上勝過我，所以你們提了一個荒謬的東西。忘了它吧，你們都瞎了。沒人看過光，因為光不存在。」

當他們聽到佛陀來了，人們說：「這是個好機會。我們應該把他帶去見佛陀；也許佛陀可以說服他——我們找不到更適合的人了。」

他們帶了那個盲人去見佛陀。把來龍去脈告訴了佛陀：這個盲人在證明其它人才是看不見的，他證明了光不存在，而且人們無法證明光的存在。

佛陀的回答是值得記住的。他說：「你們找錯人了。他不需要哲學家，他需要的是一個醫生。問題不在於說服他，而是治好他的眼睛。但不用擔心，我的私人醫生跟我在一起。」有一個國王把自己的私人醫生送給佛陀，讓他隨時照顧佛陀，像影子一樣的跟著他。

他對醫生說：「你去治好他的眼睛。」

醫生看了那個盲人的眼睛，他說：「這不是什麼問題：只是某個東西長出來遮住了他的眼睛，那是可以拿掉的。最多六個月就能看見了。」

佛陀把他的醫生留在那個村子，六個月後，那個人張開了眼睛。他所有的邏輯和理智都消失了。他說：「我的天，我指責那些單純的人在欺騙我，但光是存在的——是我瞎了！如果我過去就接受我是看不見的，就不會一直活在盲目中了。」

這段時間內，佛陀已經到了很遠的地方，但那個人找到了他，跳著舞的，跪在佛陀的腳旁說：「你是如此的慈悲，不和我爭辯，不試著說服我，而是讓醫生治好我。」

佛陀說：「這正是我的工作。心靈盲目的人到處都是。我的工作不是說服他們相信存在的美、喜樂和狂喜；我的工作是做個醫生。」

那就是師父和弟子的關係。弟子來到，敞開的接受：「我病了，需要你的幫助，我瞎了，需要治好眼睛。我想要看到你可以看到的。我想要成為你成為的。」

奧修，要如何成為一個弟子？

有什麼需要成為一個弟子？你為什麼提出這樣的問題？

你覺得自己的生命是沒意義的嗎？你需要某種意義嗎？你感到自己的生命是空虛的，所以想要滿足嗎？你感到自己處於黑暗中，所以想要被光照耀著嗎？

一切都依你而定。

如果你滿足於你所是的，如果你沒有錯過任何你所是的，那就不需要成為一個弟子。何必打擾師父，不必要的找尋著？但如果你感到空虛、沒有意義、憂慮、煩惱、困惑、黑暗；如果你感覺自己的一生只是個災難，那就很容易成為一個弟子。

成為弟子的意思只是接觸某個達成的、沒有任何問題的、只有答案的人。

弟子是一個問題。師父是一個答案。

就我而言，成為弟子不需要任何條件。不會強加任何事到弟子身上；相反的，幫助他拋棄不需要的行李，讓他盡可能的輕盈。

只要對某個你覺得沒有痛苦的人、活在狂喜中的人、散發著喜樂的人、整個存在讓你感到被寧靜籠罩的人敞開。對他敞開你的心。你沒什麼可以失去的，除了你的痛苦。

馬克斯在他的共產黨宣言中，用一段很重要的話做結語，雖然背景不同——但如同他認為這段話對無產階級是有幫助的，對於弟子也是有用的。他說：「全世界的無產階級者，團結起來！不要害怕，因為除了枷鎖之外，你沒什麼可以失去的。」背景也許不對——因為共產黨起義了；枷鎖換了，自由仍未來到。原本是中產階級的枷鎖，現在是共產黨的枷鎖——那是更新的、強大的、更難擺脫的。

但我引用這段話的背景是非常美麗的：除了痛苦之外，弟子沒什麼好失去的。因為除了痛苦之外，你什麼都沒有，但你持續隱藏你的痛苦，彷彿那是你的寶藏。

而你還問如何成為弟子。

只要在某個人⋯⋯透過那個人的雙眼，你發現有些超越黑暗的光芒，為你照亮一條通往喜樂和至福的路。只要把你的痛苦扔在他的腳下。

奧修，十餘年來，我一直跟著你，從這個地方到另一個地方。我不敢相信又回到印度了。我是被洗腦了、上癮了還是其它原因？

你被洗腦了。

我用的是乾洗，我不是守舊的人。你自然會上癮。誰不會呢？

上癮不一定不好。如果你的癮是沉迷於美、詩歌、戲劇、雕刻或繪畫，那不會有人要你拋棄它。只有當你沉迷的一切使你是無意識的，那時就必須拋棄它。你被告知要拋棄酒精，但在這兒，我的教導是屬於有意識的——要越來越沉迷於使你有意識的。

被洗腦有什麼錯？——要每天洗，使頭腦保持乾淨。你喜歡蟑螂嗎？當我乾洗人們時，我會看到蟑螂。蟑螂是很特別的動物。科學發現只要有人的地方，就會有蟑螂，有蟑螂的地方就會有人。他們是同時出現的，他們是最古老的夥伴。

你透過頭腦得到了什麼？所以清洗它是完全沒問題的。但人們一直有錯誤的聯想；那些是錯誤的人。

基督教徒害怕某人把基督教的一切清洗掉，因為這樣他們就不再是基督教徒了。印度教徒也害怕，因為這樣他們就不再是印度教徒了。回教徒也害怕，共產主義者也害怕。

每個人都害怕被乾洗。而我是完全支持它的。

有一句古老的諺語：「潔淨僅次於敬神。」現在神不存在，所以只剩下潔淨。潔淨就是神。

我不怕乾洗，因為我不會把蟑螂放入你的頭腦。我給你機會去經驗乾淨的頭腦，一旦你知道什麼是乾淨的頭腦，你將不會讓任何人把垃圾丟進你的頭腦。他們都是罪犯。

洗腦不是罪——是誰把它弄髒的？把別人的頭腦弄髒才是罪，但全世界的宗教和政治領祂都在利用你的頭腦，彷彿它是廁所。這些醜陋的人在譴責洗腦；但洗腦其實是一個非常完美的工作。

我是一個洗腦者。

那些來找我的人都應該明確的知道，他們來找的人是一個會洗腦的人，把他們頭腦裡面的各種蟑螂洗掉。印度教、回教、基督教——他們都反對我，原因就是他們一直在把蟑螂放進去，而我會持續清洗人們的頭腦。

這兒只是一間最新穎的宗教洗衣店。

奧修，我曾是拉傑、提爾莎、阿米它布和沙門達拉的病人，我體驗到非常多的能量、洞見和覺知。

現在，對於你的評論，他們的反應似乎充滿了自我的問題，全都在針對我。彷彿他們每個人都在我身上看到了自己的問題，而我接受了它，把它當成我的一個洞見。

為什麼這些美麗的、非常優雅的、對桑雅士奉獻了一切的人，卻如此愚笨？

這是個單純的現象。

全然接受我的人變成了我的傳訊者，但他們的功能只是一個郵差。當你收到一封情書，不要因此親吻郵差！

發問者自己是個心理醫生，他發明了幾個新方法，那些方法對你而言可能很蠢，但在美國，愚蠢和靈性是同義的。

例如，其中一個方法叫做「擁抱」；二到三十人的團體會彼此擁抱。那是個好的練習，特別在寒冷的國家，但不要試著在孟買做這類的事情。在孟買，只有成道者可以擁抱彼此，但很少會看到兩個成道者相遇。

你看過那些在普那的社區工作的治療師，他們是我的人——他們環遊世界，因為我不會去任何地方。我把他們準備好，讓他們只是成為一個通道；所以你會感覺他們是非常單純美麗的人。

現在他們發生了什麼事？只是一些自然的發展。

有一個故事：在札格納特神廟，札格納特的意思是世界之主，祂的馬車會環繞全市。無數人會前往參拜。

曾發生過，有隻狗正走到馬車前方，剛好每個人都跪下來親吻地上——那隻狗感到驕傲：「我的天，我從沒想過我是札格納特，世界之主。有無數人來到，他們都向我頂禮。」

邏輯上而言，那隻可憐的狗並沒錯；牠不知道那些人是在觸碰地上，對馬車裡面的札格納特尊敬的頂禮。牠以為他們是在對牠頂禮。

在世界各地的治療師發現到每個地方的桑雅士帶著深深的愛和尊敬迎接他們，彷彿我人在那兒。他們代表我去那些地方，被我派去那些地方。但這些可憐的人怎麼了？他們開始以為這些尊敬和愛是因為他們。所以當社區被美國政府摧毀後，一片混亂，那些治療師開始認為自己成道了，稱自己是成道者。

我收過數百封信，上面說：「奧修，我們沒有在這些人身上感受到以前感受到的特質。人是一樣的，但你的存在已經沒跟他們在一起。」

甚至那些治療團體的參與者也寫信給我：「團體是一樣的，方法是一樣的，但你不在那兒。現在我們知道奇蹟不在於方法，而是你的存在。」他們的團體已經開始沒落了，很快他們就會發現沒有任何桑雅士會去參加。

如果他們有一點智慧，他們就會帶著深深的歉意回來。他們背叛了。他們只是媒介，不是成道者。

差別就在這兒：你可以學到方法——但那是一回事，成為一個師父則是完全不同的。這就是科學家和技術員的差異。科學家去發現——那是他自己的發現，他的權威。技術員只是模仿。就客體的世界而言，他可以做得非常完美，但就主體的世界而言，那是不可能的。

只有師父可以帶來轉變。媒介只能散播他的話語。一旦他們以為那些尊敬和榮耀是給予他們，他們就不再是媒介了。他們操作的會是死的方法，不會有任何幫助。

在羅馬發生過——每年都會舉辦繪畫比賽。有一年，某幅畫獲勝了，但有個畫家站起來說：「有個地方沒完成，它不是完美的。那是臨摹者畫的，不是畫家。」

他被問：「那你能讓它是完美的嗎？」

他說：「是的，它只缺少了一點點，但那是它的靈魂。」他用畫筆觸碰了畫中的嘴唇。本來是悲傷的，現在是微笑的。他說：「現在它是完美的。應該把獎頒給畫這幅畫的人，但他只是個臨摹者——完美的臨摹者——但他不是師父，因為這個微笑是整幅畫的靈魂。」因為那個微笑，整幅畫改變了，氛圍是不同的。

有個住在美國的人用一百萬美金買了畢卡索的畫，但他懷疑那是否是原作——因為有很多臨摹者完成的畫是如此完美以致於不可能認出來，除非你是專家。他把畫拿給一個評論家看，那個評論家說：「不用擔心，畢卡索在我面前畫了這幅畫，那時我跟他待在一起。」

但懷疑會令人…它不會很容易消失。

那個美國人說：「你跟我去巴黎，我會支付所有費用，我們去問畢卡索——你要在場。我想要完全確定這是畢卡索畫的。」

他說：「那是肯定的，你是在浪費錢。但無妨，我可以去。」

他們到了巴黎，去見畢卡索。把那幅畫拿給他看，美國人問：「這是你畫的嗎？」

畢卡索說：「不是。」

評論家說：「你瘋了嗎？你忘掉在畫這幅畫的時候，我就在旁邊？」

畢卡索說：「我沒忘記。我在畫它的時候，你就在旁邊，但它不是原作。」

評論家說：「你說的原作是什麼意思？這是你畫的！」

他說：「你必須了解我對原作的定義。我以前畫過同樣的畫。那時我沒其他想法，所以我重畫了它。那只是臨摹，不需要任何創意——任何臨摹者都能做到。臨摹者是不是畢卡索並無差別。那都已經不是原作了，而是個複製品。如果你不相信，可以去博物館，原作就在那兒。」

他們去了那兒，無法分辨兩者的差異。一幅是原作，另一幅是複製品，同一個人畫的。

那些行為非常愚蠢的治療師必須回來，因為任何跟我在一起的人不能再次成為世界的一部分。一旦桑雅士不理會他們——他們正在離棄那些治療師——那些治療師會發現那些尊敬不是給予他們的。但他們得透過辛苦的方式了解。

你是幸運的。繼續做你的擁抱靜心——在美國；不要在印度提到它。那在美國有用，因為數百年來，基督教使人們受到很多制約，甚至觸碰某人也是個罪。如果你看到一個美麗的女人，因為她的臉是如此美麗，你想要觸碰她的臉，你會被抓去警察局。但你並沒要求什麼；你可以觸碰她的臉，向她道謝——還有她的丈夫——然後離開。丈夫應該為了有這樣的妻子感到驕傲，無論去到哪兒，人們都會去觸碰她的臉。

基督教使觸碰是個罪。人們必須分開，特別是男人和女人。甚至在教堂或會所也得分開坐。

所以你的想法是很棒的——但限於寒冷的國家，人們沒有流汗的地方。讓他們多擁抱，他們會感到很棒。因為觸碰別人的身體就是觸碰別人的能量，而且如果那是個團體，朋友聚在一起，那會形成一個愛的氛圍。這不會有任何傷害。

但不要在這兒提到這類的事。

他在尼泊爾設立了一個中心。我擔心他；這種心理治療在尼泊爾或印度是不需要的。但加州……如果你有一個瘋狂的想法，可以去加州——任何瘋狂的想法，你會找到跟隨者，現成的跟隨者，隨時等著要跟隨某個瘋狂的想法。你在東方待夠久了；你將會在加州有很多的跟隨者。

不用擔心那些治療師。他們會像肥皂泡一樣的消失，因為他們沒有成道。

奧修，我聽說你曾經把師父的工作比喻成外科醫生的工作。在這些日子，身為你的弟子，我感覺到你非常仔細的切除我所有的面具。你是如何不做任何事卻又完成了如此精確的外科手術？

「無為」是我的劍；它是如此的細薄以致於你看不見它。這個工作是非常需要小心處理的，不能用粗陋的工具完成。

你有看到我手上的「無為」之劍嗎？它就在這兒。

奧修，我要在你後面追著你多久？

那由你決定。你可以跟我並行，甚至可以跑在我前面，但不要遠離我。

奧修，活在當下，我的記憶變得越來越差。什麼事都不做，我的身體和頭腦變得越來越懶。閉上雙眼，我只看到黑暗。我享受這一切，感到滿足和感激，但有個問題打擾著我：我如何知道這不是一頭驢的滿足？

這確實是驢子的工作，但你不是一般的驢子。你是德國驢！你們在德國怎麼稱呼驢子——艾索。你是艾索。

但德國驢總會完成偉大的事——兩次世界大戰，沒有他們，第三次世界大戰是不可能發生的。每個國家都有驢子，但都比不上德國驢。印度驢——你無法不讓牠們靜靜的坐著和不做任何事。因為那就是他們好幾世紀來一直在做的，而綠草還沒長出來！

要讓綠草長出來，德國驢是需要的。因為對印度驢而言，靜靜的坐著和不做任何事是正常的，沒什麼特別；但對於德國驢而言，似乎是不可能的。如果這也能做到，那綠草將得長出來。所以不用擔心。放輕鬆。

而且驢子不是壞人：牠們是很哲學的。

德國會創造出世界上最偉大的哲學家並不是巧合。驢子都是很哲學的，牠們不斷的思考。去觀察驢子，你永遠不會看到沒在思考的驢子。

但幾乎全世界都在譴責可憐的驢子，因為牠沒寫下任何經典、沒有講道過、沒有被釘上十字架。牠是如此單純，過著如此沉默的生活——彷彿不存在。整個世界有這麼多事進行著，但對驢子而言，沒有任何事在進行著；牠們活在不受時間影響的片刻中。

所以當我說你是驢子，不要感到難過。坐在你的房間，把自己當成驢子，享受它。那遠勝過瘋狂的人類和各種病態的靈魂。你有聽過驢子發瘋嗎？有任何驢子去看過精神科醫師嗎？有任何驢子自殺、殺人或強姦過人嗎？如此單純的人：我完全支持他們。所以記住，即使世界譴責他們，我會在這兒完全的支持他們。放鬆，無論有多困難。

但如果德國人決定放鬆，他就會放鬆。印度人有很多次決定要放鬆，但從未放鬆過。

我曾住在加爾各答的某個富人家中。他是個七十五到八十歲的人，但他非常愛我，我答應他只要他還活著，我就不會定居在其它地方。有個朋友跟我在一起，他是個狂熱的宗教份子。那個老人是個禁慾者，他試著棄世，並當了和尚。到了晚上，當我們坐在一起閒聊時，那個老人說：「我這一生許了三次梵行期的誓言；禁慾的誓言。」我的朋友很驚訝。

我說：「你這笨蛋，梵行期的誓言；禁慾的誓言，只需要許下一次就夠了。三次？」

我的朋友說：「我倒沒想到。沒錯，應該問他是否還有第四次！」

我說：「問一個老人這樣的問題會讓他尷尬。他會說第三次之後，他意識到這不是他可以做到的。還是不要問他比較好。」但我的朋友堅持。

隔天早上他問了，老人說：「第四次？你不覺得三次就夠了嗎？第四次…我無法鼓起勇氣——失敗三次了…」

當印度人決定靜心、放鬆、成為桑雅士，總是會想很多…

身為德國人的你是幸運的，如果你決定放鬆，那是可以確信的、可靠的——而且我知道這不會影響你的工作。

他在工作領域上是個專家，德國有名的電影製作人，但他決定停止這一切，只是跟隨我。你可能無法了解，他結束了一個很有前景的事業；賺了很多錢，但現在他只拍攝我的照片，不做其它事。這個決定有很重要的價值，帶給了你勇氣。

你得去看他的作品，他的專注和對細節的要求。每天在這兒架設攝影機都要花了他四小時，他一定持續的在思考要如何改善——因為我一直有看到改善…出現了這些新式的雨傘！

有很多人在拍攝，他們都會傷害到我的眼睛。他是第一個以我的眼睛健康為優先的人。所以會有這些反射傘…我的雙眼不再受到影響了。

如此的關注，把事情做到完美的堅持——這可以用在任何面向。如果用在心靈——同樣的特質、同樣的堅持、同樣的奉獻。

如果你感到放鬆，那不是和行動對立的。一個人必須了解，放鬆就是能量的源頭；它可以轉變成行動。你在晚上睡覺以便早上恢復精神。晚上並沒有浪費掉，它彌補你以前用掉的能量。你再次是年輕的、新鮮的。

在靜心中發生的一切都會透過創造力表現出來。你做的一切會是有創造性的，為了創造性的行為，你放棄了一切，為了你的愛，你放棄了一切。一旦人們知道它，他們會了解。

第二十四章
在我周遭…有些事在發生

奧修，當我被點化時，初次見到你，那就像和一個古代的愛人再次相遇，彷彿我認識你很久了。是否每次和成道者的會合都是在提醒一個人內在的自己，感覺就像以前相遇過？

你想到自己彷彿前世跟我在一起過的這個經驗有兩個層面——第一，就是你在問題中提到的。

和成道者的每個會合就是和一面鏡子的會合。你看到自己實相中的存在——不是面具，而是本來的面目，不是人格，而是你宇宙性的存在。和成道者的會合創造了共振，某種振動，觸碰了你的存在。因為你不知道你的自己，所以你以為以前似乎遇過這個成道的存在——因為你不知道你自己的成道。但那是你的本我。這是其中一個層面。還有另一個層面。你已經活過很多世，不可能沒遇過覺醒的、成道的、發著光的存在——也許遇過很多次。

你在其它路上或不同的十字路口遇過這些陌生人和局外人——成道的特質是一樣的。所以如果你愛我，所有的這些經驗——雖然短暫，因為你沒有和成道者在一起很久過；否則你就不會在這兒——只是和他擦肩而過，但即使只是影子或映像，你也會再次甦醒，因為那個感覺是一樣的。

據說佛陀說過：「你可以在任何地方嚐到海洋的味道。它總是鹹的。」無論是大西洋或太平洋都一樣。成道也是如此：它是意識之洋，那個味道是極度甜美的、令人滿足的、啟蒙的。站在你面前的人不再重要了，重要的是他內在中攜帶的、那個看不見的。

所以如果你曾在十字路口和佛陀擦肩而過，或者馬哈維亞、摩訶迦葉、卡比兒、法里德——當你遇到我，所有這些你存在中短暫的印象會再次甦醒，彷彿你在過去的很多世見過我很多次。

但並非如此。

我在這一世之前並未成道。所以即使你遇過我，也等同沒遇過——那只是另一個跟你一樣無意識的存在。而且你和無數人相遇過。我也許是那無數個無意識的人之中的其中一個你遇到的——沒任何意義。

成道的問題在於你只能有一世是成道的，因為那是你的最後一世。一旦你成道了，你就無法再回到身體。你被從監牢中釋放了，不再被痛苦、煩惱、無意義、悲慘的存在束縛了。你不再被侷限在任何形體中；你進入了無形的宇宙意識。一旦成道了，你的死亡會是最後的死亡。換句話說，只有成道者會死。未成道的人⋯很難——他們會持續返回，他們永遠不會死。只有成道者可以負擔得起死亡；未成道的人負擔不起，他還沒準備好。

生命是一所學校，除非你完成功課了，否則你會一再的返回到同樣的層次。一旦你完成功課了，經過考驗了，然後即使你想要返回，也不會有門對你開啟。你必須達到更高的層次，不同的存在層次。

我們從一個形體換到另一個形體。人是最後的形體。人之後就是無形的、海洋般的意識。佛陀說：「我會在二十五世紀後回來。」他是在安慰你。我代替他來了！但對成道者的體驗是一樣的。他沒說謊——就某方面來看；就另一方面來看，他說謊了。

耶穌說：「我會再回來。」

克理虛納說：「我會再回來。」

沒有任何成道者可以回來。

那為什麼這些人這麼說？他們知道他們無法回來。但人們會成道——而成道沒有名字。無論是在佛陀的身體、克理虛納的身體、耶穌的身體或其它人的身體，那個現象都是一樣的。所以表面上他們在說謊，但本質上，他們說的是一個很深奧的真理。

那就是你初次遇到我的體驗。

沒錯，你以前遇過我——透過其它成道者。但如果他們可以說他們將會回來…那我就得來，然後我可以說我曾經在那兒…只是要回過頭看。當你遇到佛陀，你就遇到我。但是是那個經驗的重現，不是身體的相遇；不是軀殼的相遇，而是意識的相遇。

我曾在那格浦爾的佛教研討會上演講。我不是佛教徒…只有佛教徒被邀請演講；我是唯一不是佛教徒的人。研討會的主席，俱薩闍衍法師，有點困惑。我坐在他旁邊。他在我耳邊說：「你成為佛教徒了嗎？」

我說：「我不需要成為佛教徒。」

他說：「那你為何參加佛教徒的研討會？」

我說：「因為我是佛陀。」

他說：「我的天。那應該由你主持。」

我說：「確實。你下去。你只是個佛教徒。我剛從二十五世紀後返回，看看現況怎麼樣了。」

但他無法承受我說我是佛陀的震撼。到了晚上，他和我在一個朋友的房子相見，我住在那兒。他也是他的朋友，一般交情。他說：「我必須來，因為從早上到現在，我一直無法放下那個念頭，有個人如此權威的說他是佛陀。我當了五十年的佛教徒，但我沒有勇氣說我是個佛；我仍是個佛教徒，試著跟隨佛陀的戒律。你似乎完全沒遵守任何戒律。」

我說：「那些戒律是給佛教徒遵守的。諸佛制定戒律，他們不遵守它們。我可以如此權威的說，因為佛陀說過他會在二十五世紀以後回來。你覺得他在說謊嗎？」

他說：「不，我不會這麼想。」

「你認為他會回到同樣的身體嗎？那個你們燒掉的肉體。你認為他會以一個王子的身分出生嗎？——因為現在已經沒有國王了。你要去哪兒找一個像雅秀達拉一樣美的女人跟他結婚？」

他說：「我的天，這些細節⋯它們當然無法重複，因為要重複這一切表示要帶回一整個世紀——那些王國和人們⋯因為人不是一個孤島，他是和他們有關的。」

佛陀是一個國王的兒子，淨飯王。我說：「你得先找到一個淨飯王，還有他的父親。那將會很困難。你得找到一個雅秀達拉。還有她的父親。」

「你得讓一個小孩出生，在晚上出生。必須讓他在二十九歲的時候坐上黃金馬車逃離王宮。你要怎麼完成這些事？你可以用戲劇做到，但現實中⋯相信我，我就是佛陀——這次是透過不同的父親出生，這次沒有雅秀達拉，因為上一次就夠了。一個人得學到經驗。這次沒有小孩，我無法忍受他們；他們是世界上最淘氣的人。」

他說：「我的天。你這樣說讓人覺得你也許就是佛陀。」

我說：「不是感覺的問題。我不依賴你的感覺。我就是佛陀，無論你是否感覺到。在佛陀的時代有很多跟你一樣的笨蛋，他們從未承認佛陀，從未承認他覺醒了、成道了。你自己決定自己要當個笨蛋或智者。」

你一定遇過我很多次——不是這個身體，但你一定有過同樣的經驗。有時候是回教徒法理德；有時候是織布工卡比兒；有時候是製鞋工萊達斯；有時候是太子悉達多；有時候是商人杜拉哈；有時候是男人⋯有時候是女人，例如拉比亞。

成道只是達成一個人的本我。任何達成的人都會造成同樣的感受——他的雙眼散發著同樣的光，他的舉止會有同樣的優雅和美。

如果你是有接受性的，一旦遇到一個成道者，你就遇到所有人類歷史上的成道者；不只過去的成道者，甚至還有那些未來的成道者。

在成道的意識中，過去、現在和未來都融合成一個片刻。

奧修，不可能保護你，也不可能離開你。我意識到自己欠了你這麼多，意識到自己多麼愛你。

確實不可能保護我——除非你成道。那是你唯一能提供給世界的保護措施。沒有任何邏輯的、理性的、智力的論點可以保護我；但你可以成道，那是更簡單的。然後你就會是我的保護措施——越多燃燒的靈魂就越能保護我。

你說：「也不可能離開你。」

那也可以透過同樣的方式做到，成道——然後你將能保護我和離開我。一旦你成道了，我就能向你道別。不需要留在我身邊。直到那之前，你無法保護我和離開我。

剩下的問題是荒謬的。你說你欠了我這麼多——都是胡扯。除非你成道了，否則你沒有欠我任何東西。你欠了我什麼？我單純喜歡說故事⋯你卻覺得自己欠了我某些東西？我只是喜歡閒聊、講笑話、講所有不能講的——舊習慣使然。你沒欠我任何東西。

沒錯，當你成道了，你就會欠了我一樣東西——一句謝謝。那句話不用說出來。我會了解的。

奧修，我什麼都不知道，但我知道一件事——你愛我。謝謝你。

你知道我愛你，我知道你愛我；但其實沒有任何要說出來的——無論是你或我。所以我們可以換下一個問題。

奧修，我的其他桑雅士朋友常問我對於在你附近發生的事件有何看法，或者對於以你的名義建立的組織有何感受。在這兒和你在一起，我發現自己比較感興趣的是你提到的空，你從那兒來的空間。你是否可對我的朋友談談在你的存在中常發生的瘋狂事件和行為。

關於這個問題有很多事情要說出來。

首先，沒有任何組織以我的名義建立。我反對組織，因為每個組織都殺害了真理。

一個古代的故事，有個小惡魔跑去找老惡魔：「主人，你怎麼在這兒浪費時間抽雪茄？地球上有個人找到真理了。如果地球上的人都因此知道了真理，那對我們會是個災難。地獄會荒廢。不再有任何人會來。我們必須採取一些行動！」

但老惡魔繼續抽著他的哈瓦那雪茄。他說：「冷靜點，我的孩子。你還太嫩。我已經安排好了。」

他說：「但我才從那兒回來！沒看到任何安排！」

他說：「你不了解。在那個人周圍已經有人在建立組織了——教士、解釋他說的話的人、建立組織的人。已經有一個教派建立起來了，他們處於那個人和大眾之間。無論他說了什麼，他們會在那些話傳達給大眾前先做出解釋。」

「這是我常用的策略。試試看，它總會成功。那就是我扼殺所有宗教的方法。」

真理被發現過很多次，但從未來到人們的手上。組織變成了一道牆——追求權力的人、階級制度、官僚主義。而發現真理的人——在學者、教士、解讀者和追求權力的人們中，他是如此的單獨；他發現自己是無能為力的。他說的一切都被扭曲了。無論他說了什麼，都變成了別的東西來到人們手上。

還有寫書的人，這些書被膜拜，它們變成神聖的書。雕刻家出現了；他們雕刻了那個發現真理的人的雕像。沒有人對真理有興趣，每個人都在意自己想要的。他們膜拜那個人，而膜拜是另一種十字架刑。

如果你是有教養的，你會膜拜他；如果你是沒受過教育的，你會把他釘上十字架——但兩者並無不同。

膜拜者說：「你是祢的化身。我們會永遠記得祢。我們的小孩會膜拜祢。遍地都會是膜拜祢的廟宇，祢的雕像會遍布全世界。」

學者會寫書，作家則創造出巨大的思想體系。沒人去聆聽他說的話。事實上，沒人想聆聽他說的話。每個人都想要剝削他。

教士說：「必須問我。祂是如此的遙遠，如果沒有中間人，溝通是不可能的。」

就在最近，教皇宣布任何沒有透過天主教教士而直接向神懺悔的人，犯下了滔天大罪。奇怪——直接向神懺悔是個滔天大罪。你得先去找天主教教士。一切都得透過適當的管道；你得把一切告訴天主教教士，他會通知神，而神會告訴他要給你什麼懲罰。

老惡魔說：「你不用擔心。我有我的教皇、宗教學者、商羯羅、阿闍黎——各種笨蛋都在那兒。我們不用擔心；只要輕鬆的抽著哈瓦那雪茄。你是新來的，還不了解狀況。」

所以第一點：我沒有任何組織。我沒有任何聖書。我沒有任何中間人。我沒有任何解讀者。你看到的組織不是組織，它只是功能性的作用；就像郵局。

有無數人寫信：必須要有些安排；有的人分類信件，決定那些信件的去處。但局長沒有任何權力，郵差也沒有任何權力，郵政總長也沒有任何權力。誰知道郵政總長的名字？那只是功能性的工作。

在一個正確的世界，你不會知道你的國家元首的名字——那是個功能性的職位。你不會知道誰是總理——不需要，那只是功能性的。他們做他們的工作，就跟製鞋工或清潔工一樣，他們都是被需要的。對總統的需要不會超過對水管工的需要；事實上，對水管工的需要會勝過對總統的需要。總統只是待在首都，什麼事都沒做，當你的浴室出了問題——幾乎常發生——那時會需要水管工。但沒人尊敬水管工；水管工沒有任何權力。而什麼事都沒做的冒牌貨卻擁有權力。

那正是組織創造的奇蹟：創造了沒有用的人，又使每個人覺得沒有他們，整個社會就會崩塌。

史達林一生沒放過假，他是其中一個統治最久的人。他的女兒，斯韋特蘭娜，曾問他：他那時一定心情很好，雖然很罕見。斯韋特蘭娜嫁給了一個印度人。這個故事是她告訴我的。史達林說他不能放假，因為那會使國人以為國家沒有他也可以運作得很好。但事實是沒有他，國家會運作得很好。佔著那個位子的他一直想辦法讓國家以為沒有他，一切將會分崩離析。

官僚體系使你覺得沒有他們，一切將會出錯。這是他們得到權力的方式。對權力有興趣的人是最空虛的人，最自卑的人。他們是世界上最病態的人。

我沒有任何組織。只是功能性的，如果這兒只能坐一百個人，然後有三百個人來到這兒，那得有人去負責不讓那兩百個人進來——「你明天再來。」但那不會使他有權力，不會使他在家裡掛了一幅自己的畫——「這個人不是普通人；他是給通行票的人，你得膜拜他。」但他只是在服務你，沒有權力的問題。

其次，你沒有問你的問題。你說這是你朋友問你的問題。這是不誠實的。你是可以問自己的問題的。但我知道這是你的問題，你沒有勇氣說這是你的問題。

我曾和某個人住了三年。他是個占星家，也是看手相的人。每個人都會拿自己的命盤來：「這是我朋友的命盤」——因為如果對方講了些難聽的話，那會無法接受。如果講出來的是好的，那就很好，如果講出來的是不好的，那是朋友的事。但他很聰明。他會說：「很好，把命盤放在這兒，明天帶你朋友來。」現在問題來了——要去哪兒找這個人？誰會跟他來？誰會自找麻煩？

我說：「你為什麼這麼做？」

他說：「每天都是如此。他們來談論別人，但其實是自己的問題。但不敢說這是我的問題的人也無法解決他提出的問題。」

「你的朋友問到組織的問題。」這不是真的。這是你問的。這不會有什麼問題；為什麼不問：「我有一個問題跟你的組織有關？」

「朋友剛好在你身旁提了一些問題。」奇怪。那些朋友為什麼不自己來這兒問？那些朋友都會派一個代表。

這類事情總會發生。

任何有寧靜存在的地方，就會有些奇蹟發生。

那個寧靜越深邃，那個奇蹟的影響就越大。

我看過人們發生了巨大的改變，非常令人難以相信——沒人想過這個人會變得如此寧靜和有愛心；沒人想過他的意識可以綻放出這麼多花朵，整個人都充滿了芬芳；以致於他的生命變成了一首歌、一支舞、一個慶祝。

那只是個共鳴的問題。偉大的音樂家都知道。當某個偉大的音樂家在空無一物的房間彈奏西塔琴時，你可以在房間的角落放上另一把西塔琴。當音樂家迷失在他的音樂中，另一把西塔琴——只是被放在那兒，沒人彈奏——會對同樣的旋律產生共鳴，振動著。

在古代，在一個人被稱為一個偉大的音樂家之前，其中一件最重要的事——除非他可以創造出共鳴，才能被稱為大師；否則他只是普通的音樂家。

有些故事看起來好像假的，但它們是真的——因為現在我們知道透過科學是可行的。印度的傳統音樂針對不同的目的會有不同的旋律。有些旋律可以產生光和火；一盞沒點燃的燈會突然被點燃。某種共鳴，某種振動的打擊創造出火花，然後火焰就出現了。

現在——科學家會說，軍方的專家一直在這麼做——每當軍人過橋時，他們得改變走路的方式。不能用平常訓練的方式行進——無數人同時提起左腳會創造同樣的聲音。因為在第一次世界大戰曾發現到很多橋樑斷裂——那些橋樑可以承載很大的重量；但只是軍隊經過⋯⋯發生什麼事了？因為他們的腳踩在橋面的旋律，橋斷了，人們掉下橋去。

剛開始以為這只是個意外，但當它發生過很多次，人們開始深入研究，才發現到那是他們節奏般的行進聲使可憐的橋樑產生了精神分裂。

你說：「發生在你周圍的瘋狂事件。」那也是你朋友說的。我從未看過這兒發生過任何瘋狂的事。沒錯，我看過瘋了恢復神智；但在這個瘋狂的世界，神智清醒似乎像發瘋。去精神病院看看⋯

那曾經發生我朋友的父親身上。他是個特別的瘋子：有六個月是發瘋的，然後六個月是清醒的；他的鐘擺會週期性的移動。當他恢復神智，他會生病──感染到這個和那個，常常去醫院看醫生，全家都很困擾。六個月後他再次神智不清，但他變成健康的；沒有任何感染或得到任何疾病。他變重了，整個人神采飛揚。

他會在早上四點叫醒全村：「去河邊！」他把人們拖出來：「時候到了！去河邊。在發瘋的六個月中，他會要全村的人一天至少洗兩次──早晚。他會買很多水果──因為他不用付錢，是他的小孩付錢──然後分給每個人。蔬菜、水果和點心⋯當他發瘋時，全村都很快樂。只有他的家人會生病──因為他會持續拿走店裡的錢；連看守店鋪的小孩也會大叫：媽咪，爸爸在拿錢！」

他會說：「閉嘴！我是你的父親，這是我的店。」那些錢會跟著點心和水果分給任何人，任何他在路上遇到的人。但他很快樂，全村的人也很快樂。有時候他會消失──剛好走到車站，如果火車在那兒，他會搭乘。有一次他消失了，有很多人找他，但找不到──沒人知道他去哪兒了，沒人知道他搭了哪班火車。

而那些收票員都認識他，所以沒人會跟他要車票。

他到了阿格拉——那離我的村子很遠——他覺得很餓。於是他進了某個商店。裡面在賣的印度食物叫卡佳——它的另一個意思是「吃我」。他問那是什麼，店主人說：「卡佳。」他說：「沒問題。」然後開始吃它們。店主人說：「你在做什麼？」他說：「是你說的。」他很強壯⋯店主人說：「真奇怪。」

「你問完名字就把它們吃光了！你得跟我去法院。」人們在圍觀⋯他說：「聽著，我是個陌生人。我只是問它的名字；他說卡佳。我就照他的意思吃了。我準備去任何一間警察局或法院；不該讓點心有這樣的名字。」在法院的時候，他們發現他瘋了。他們把他關了起來。他被送到拉合爾——在那時候，巴基斯坦還沒分裂；現在拉合爾是巴基斯坦的。在那個時候，拉合爾擁有最大的精神病院。三、四個月後，他恢復神智了，便去找院長：「情況是這樣：我會發瘋六個月，然後清醒六個月。現在我不是發瘋的。我可以想起來，吃那些東西是不對的；是因為它的名字，那個店主人並不是要我吃它。但我瘋了；現在我是神智清醒的。所以問題來了」——因為那個精神病院住了至少一千個瘋子。他說：「當我是發瘋的，一切都沒問題——有人拉我的腳，有人坐在我頭上；那都沒問題。對瘋子而言，這沒有錯，一切都是對的。但現在我恢復神智了，很難和這一千個瘋子住在一起。有人會拔我的鼻子——而我什麼事都沒做！有人會坐在我的頭上⋯任何他們想做的。有人會拿走我的襯衫，我得拿回來，但你無法和他們爭辯，因為他們都瘋了。我的問題是，當我瘋了，我是強而有力的，當我清醒了，我是虛弱的。請釋放我。」

但院長說：「我們不能違反法院的命令。你得在這兒住六個月。」他說：「你不了解。當我發瘋時，那沒問題；但現在我沒有發瘋。我是唯一沒發瘋的人。你進來住一天就能了解我的處境。」但沒人理會他。他告訴我：「在那神智清醒的兩個月，我承受地獄般的痛苦。但在我發瘋的四個月中，那裡是個天堂；和那些瘋子在一起是如此令人喜悅，如此的同步——一切都是沒問題的，沒有任何事是不對的。但在那兩個月中，一切都是錯的，沒有任何事是對的，我是唯一受苦的人。」

在這兒，沒人發瘋。我的人是世界上最清醒的人。

但世界是瘋狂的，而我的人這麼少。世界是巨大的——他們占大多數，政客、政府和教會都站在他們那一邊。

他們控制了一切，但他們甚至沒察覺到自己是神智不清的。待在頭腦中就是神智不清；頭腦是瘋狂的空間。

只有那些神智清醒的人超越了頭腦，進入了沒有任何思想、慾望和情緒的寧靜中，那兒什麼都沒有。只有在那個寧靜中，你才是健康的。那樣的神智清醒正在這兒發生著。

所以告知你虛構的朋友，人可以恢復神智，如果他們想要恢復神智，把他們帶來這兒。但在你帶他們過來前，至少你得是清醒的。

頭腦是瘋狂的。

這就是一般的心理學和我教導的心理學的不同：一般的心理學說頭腦可以是清醒的或瘋狂的；我說頭腦只會是正常的瘋狂或不正常的瘋狂，但頭腦永遠不會是清醒的。

清醒總是發生在頭腦之外的、超越頭腦的。世界上只有少數被祝福的幸運兒是清醒的。但瘋狂的群眾很糟的對待他們：毒死蘇格拉底，其中一個最清醒的人。但瘋狂的人在決定是否要毒死他。曼蘇爾被瘋狂的人們殺了。薩曼德，其中一個最清醒的人，在新德里被斬首了。瘋狂的群眾對於擺脫這些清醒的人感到非常快樂。那兒的每個人是悲傷的，不是歡欣的；每個人是痛苦的，不是喜樂的；每個人都活在地獄中，不會對你找到的天堂敞開心胸——你甚至會因此被懲罰。這是個奇怪的世界。在這兒，那些清醒的、喜樂的、被祝福的人，會被懲罰；而那些痛苦的、發瘋的人，卻被獎賞。

奧修，在普那接受點化時，我感到非常有活力和天真。我對一切說「是」，我想要當一個「好」的桑雅士。透過觀察別人，我學著了解怎樣才算一個弟子。在美國社區時，我覺得只要我是愛你的，就可以做任何我覺得適切的事——我是個弟子，重要的是從那個空間返回。現在我覺得似乎不存在「成為」你的弟子；只有一個不斷改變的永不停止的過程。彷彿不會有任何休息，成為「奧修的桑雅士」後；這條永無止盡的路只能一步接一步的走下去。是否可以請你談談這些改變以及和你一起行進的旅途。

你已經非常精確的講出了一個弟子必需經歷的每個過程。最重要的結論就是：沒有成為一個弟子的問題，它一直在改變。你不會停止；旅程是無盡的，這就是它的美。

從成為到改變是一個巨大的量子跳躍。如果你檢視生命，你永遠不會發現自己處於任何階段；你會一直改變。

成為的謬論是語言創造的，那是語言的貧乏。你看到玫瑰花…你說：「多麼美麗的花。」但那朵花持續的綻放著，它從未停在任何狀態。樹木持續的生長；「樹」這個字是不對的。在存在中不會有任何名詞，只會有動詞。很難創造一個只有動詞的語言，但事實是，存在中沒有任何名詞。

樹一直在生長，河流持續流動著。你持續一刻接一刻的成長著——變老，世界上一般人的態度；或成熟，我的人的態度。你不用做任何事就能變老——你會變老，生物學會接管一切。

成熟的意思是有意識的警覺——身體會持續變老，但你的意識會持續成長。即使在死亡中，一個有意識的存在也會成長。

整個存在是個巨大的動詞，不是名詞——不是石頭，而是朵花。沒有任何終點，因為從未有任何起點。起點和終點的概念只是我們頭腦的投射。否則，我們一直是處於其中的——永遠不會在起點或終點，一直在中間——我們會永遠一直在中間。

佛陀喜歡說：「我的方法是中道，majjhim nikai」——沒有起點，沒有終點。我們一直處於中間，永遠不斷的成長、綻放、開花、尋找新的空間。

你是被祝福的，感覺從成為來到改變。

改變是更高的層次。

從語言來看不是這樣，但在存在中，則是如此。

第二十五章
聆聽，讓心決定

奧修，我為什麼聽不見你說的？我聾了嗎？

你沒有聾。你有聽到我說的，但你沒聆聽。你不知道聽和聆聽的差異。

任何有耳朵的人都能聽，但他不一定能聆聽。要聆聽，除了耳朵之外還需要別的：一種寧靜、安定和沉著——在耳朵後面的是心，不是頭腦。

是頭腦使你聾了，雖然你沒有聾——因為頭腦一直在嘮叨，它是喋喋不休的。有時候坐在房間裡面，把門關上，寫下任何腦中出現的一切，去看看是哪些東西。不要編撰——因為你不用給任何人看，所以只要寫下出現在你腦中的一切。你會驚訝：只要十分鐘，你會發現你不是神智清醒的；你的頭腦是瘋子的頭腦。只是你想辦法控制了它，掩飾了它，不讓任何人知道你想的一切。然後你成了專家，非常熟練以致於別人不知道你在想什麼，你自己也看不見它。而頭腦則持續的喋喋不休。

因為頭腦持續創造的噪音：雖然你沒有聾，但你無法聆聽。你只能聽。

聆聽需要一個寧靜的溝通。

我對你說的一切只是平凡的文字，你知道它們。我不喜歡使用任何行話。但從另一方面來看，我使用的文字是非凡的。因為它們來自於我內在的空間，有某種深度。所以它們自然會含有某種芬芳，那個空間的味道。如果你是寧靜的，那些文字會變成不重要的，它們含有的芬芳才會變成重要的。

如果那個芬芳觸碰到你，你就聆聽到了。

聆聽的美是你不用思考它。如果它來自於真理，它會含有真理；會使你感受到真理。如果它只是一些頭腦的東西——不是來自存在，而是書本上的——你不會發現任何芬芳。

但你也必須是非常警覺的、寧靜的，以便你不會錯過那些圍繞著文字的。芬芳就是它的邏輯、論點和證明。如果沒有任何芬芳，那就像你有時候可以在聖經或薄伽梵歌上看到的枯萎花朵。人們會收藏聖經中沒有任何芬芳和生命的枯萎玫瑰。

如果你只是聽，當有一百個人在這兒，就會有一百種看法，因為頭腦會立刻解讀——那是什麼意思？頭腦是盲目的。它看不見，只能在黑暗中摸索。在黑暗中摸索被稱為「思考」。如果有一百個人坐在這兒，你會聽到一百種解釋。

有個英國歷史學家，愛德蒙勃克，在撰寫世界歷史。他想要把全世界的所有歷史寫成一本書，包含從有歷史以來的一切，沒有任何遺漏。他浪費了幾乎五十年寫了數千頁，有一天下午，當他在寫作時，突然聽到屋後傳來一個很大的聲響。他開了窗，看到一群人。他問：

「怎麼回事？」

某個人說了來龍去脈，另一個人則說了不同的故事……他走到屋外。有個人被殺了，那些人有很多說法。某個人說他自殺了，某個人說他被殺了，某個人說那是意外；某個人說他有心臟病，因為他已經發作過兩次，這次他死了。

愛德蒙勃克不敢相信，整件事就在他屋後發生，但他無法確定真相。那個死人躺在那兒，那不是虛構的。但他是怎麼死的……也許永遠無法得知。「而我寫的書包含了數千年的過去，我還試著證明那都是真的。」

那個啟發使他進了屋把那數千頁紙張燒掉。

他的同事和學生——他是個教授——都很驚訝。他們說：「你做了什麼？五十年投入的心血！」

他說：「那都是垃圾。如果我連發生在我屋後的事情都無法確定，那談論亞當和夏娃是愚蠢的。」一個偉大的歷史學家……但他停止了那一切，辭了工作。他說：「所有歷史都是胡扯。」

某個晚上，佛陀在對比丘們講話……每天傍晚的講道。在講道結束後，他會對比丘說：「現在離開吧；在睡覺前，不要忘掉真正的工作」——那個真正的工作是靜心。

但那晚，有個小偷和妓女也在那兒聽講，小偷說：「我的天，這個人很危險。他說：『在睡覺前，不要忘掉真正的工作。』是時候了，我得出發了。」

妓女則心想：「我坐在離他這麼遠的地方，他怎麼會知道我⋯⋯我的工作在晚上開始？」小偷去偷東西了。妓女去工作了。比丘們去靜心了。

佛陀說了一件事：「不要忘掉工作，」但你會有自己的解讀。你會做出最終的決定。那些文字無法為你決定；你得決定它們的意義。

當你只是聽，你的頭腦會擋在中間檢查一切、篩選一切⋯⋯有一個被證明的心理學事實：頭腦只允許某個比例的資訊讓你接收，有一個審查者。頭腦會創造很精明的方法去審查一切：它會放行那些符合你的制約的一切，擋住所有和你的制約不符合的一切。使你聽到那些適合你的；讓那些不適合你的制約的一切被忽略，不會關注它們，不會讓它們進入。

當你和一個師父在一起，聽不是正確的方式。聽在學校是適合的，不需要聆聽。但和師父在一起，聽是不需要的，需要的是聆聽。你的解讀不應該阻礙，以致於師父說的一切無法進入你的心——因為那些文字含有需要小心處理的訊息。你的解讀將會摧毀它；你不該思考它的對錯。我不是說你得接受它——沒有接受與否的問題。你應該只是面鏡子，如實的反映。師父說了件事；讓它進入心。

讓心決定，而不是頭腦決定。

頭腦總是錯的，心總是對的，因為頭腦只知道邏輯，心知道愛。讓愛決定——愛永遠不會出錯，邏輯永遠不會是對的。

邏輯之父，亞里斯多德，創造了整個邏輯的科學，他在書中提到女人的牙齒比男人少。

因為那是希臘當時的觀念。大部分的人認為女人擁有的一切不會和男人相等。所以他們的牙齒數量怎麼會一樣？那是自然的推論。

亞里斯多德有兩個妻子⋯只需要對她們說：「請讓我數妳們的牙齒。」但邏輯是非常偏袒的。他不會這麼做。

奇怪的是⋯兩千年來，歐洲人一直這麼相信。有這麼多女人，數量幾乎相等⋯有時候多過男人。因為在戰爭中，男人會被殺，軍隊被消滅，所以有時候，女人的數量會多過男人。但沒有男人考慮過這點。更奇怪的是沒有女人嘗試去數她的牙齒並宣稱：「這是胡扯！男人和女人的牙齒數量是一樣的！」

頭腦沒有眼睛；它只是住在一個黑暗的洞裡——摸索、發明、盲信，但從不想知道任何事。

心的方式是完全不同的：它就是知道。

它的知道是直覺上的，不是理智上的。它無法辯論，無法證明。但當它知道，它就是知道；它可以為了它知道的一切獻出生命。

沒有任何邏輯學家會願意為了邏輯上的知識被釘上十字架。你有聽過任何邏輯學家被釘上十字架嗎？你有聽過任何哲學家被毒死嗎？他會改變他的哲學，他會說：「不用擔心，我會改變我的哲學。無論哪個哲學才是對的，那不重要。」

但你無法改變耶穌、蘇格拉底、薩曼德或曼蘇爾。他們準備一死——因為他們知道的一切是屬於心的，沒有錯誤的問題。不會有懷疑的問題，它是不容置疑的。

和師父在一起，你需要學習的是如何聆聽。只是聽還不夠。要如何打開聆聽的門？那是個奧秘，因為其它地方都只需要聽。在市集、學校或教堂只需要聽。聆聽是某個不屬於這個世界的；只有愛人對它有些了解，只有詩人對它有些了解。只有神秘家知道它的整個奧秘和魔法。

而師父只是一道門。一旦你開始聆聽他，你也將能聆聽流水的聲音、風吹過松樹的聲音。你也將能聆聽夜晚寧靜的音樂，你將能聆聽早晨的鳥鳴聲。你將能聆聽這麼多以致於你會處於一個非常震撼的狀態，世界是任你取用的——如此貼近你——但你不是對世界敞開的。

就我而言，正確的聆聽是唯一有宗教性的方式，因為正確的聆聽會使你對周圍的一切感到驚奇：整個存在都變成了一個奧秘、一首詩、一首歌、一支舞。那些煩惱、憂愁、緊張和死氣沉沉的日子會消失。你走上了永恆至福的路。

奧修，某個晚上，你講了佛陀和他的弟子阿難的故事。關於神是否存在，阿難以為佛陀分別給了三個發問者互相矛盾的答案。當阿難詢問佛陀，佛陀說：「那些答案不是給你的。你為什麼要接受它！」

當我們坐在你旁邊，聽到了很多不是我們提出的問題的答案，我們該如何聆聽？

有些重要的事要了解。

第一：問題也許不是你提的；但它仍是你的問題。因為人類受苦的原因並非不同——他們的痛苦是一樣的，他們的問題是一樣的。有的人敢問；有的人不敢問，因為提問會暴露你的無知。

當我回答某人的問題，那不表示它不是你的問題。如果我是佛陀，我不會對阿難說：「你何必受到打擾？」事實上，那個打擾表示那些問題也在困擾他；否則他不需要煩惱。

佛陀對他說：「那些問題不是你的問題，你何必理會？」

我不會這麼說。那是我和世界上的每個師父不同的地方。我會對阿難說：「那些問題是你的問題，那些人敢提出來。而你是個懦夫；你找到一個美麗的藉口。這樣就不用暴露你的無知，你就能要我回答你的問題。但你得自己提出。」

那個無神論者並不是絕對的無神論者——頭腦永遠不是絕對的。無神論者會懷著有神論者的想法，有神論者會懷著無神論者的想法，兩者都是盲信的。他們都不知道事實。

事實上，就我觀察，那些被提出的問題沒有一個不是你的。任何人問的任何問題也將會是所有人類的問題，無論你是否意識到。你也許是無意識的；也許對你而言時間不對，也許你在一年後才提出。也許你非常壓抑那個問題以致於完全忘掉它的存在。

但讓我再說一次：沒有一個問題不是你的。

所有人類都是同一個大陸的一部分，沒人是個孤島。也許某個人因為某個氛圍才察覺到某個問題。

佛陀在二十九歲以前都沒意識到生命的根本問題。當他出生後，占星家告訴老國王——淨飯王，佛陀在國王老年時出生——「你擁有一個很稀有的兒子。他會成為轉輪王」——轉輪王是統治全世界的人——「或者他會成為桑雅士。只有這兩個可能。」所有占星家都同意，國王因此很擔心。

國王說：「那告訴我要如何避免他成為桑雅士。」每個父親都有同樣的問題，每個丈夫都有同樣的問題，每個妻子都有同樣的問題。

那些占星家說：「如果你不想讓他成為桑雅士，那就做些安排：奢華的、舒適的，這樣他就永遠不會意識到痛苦和憂慮。滿足他所有的慾望，不要讓他有任何無法達成的慾望以致於產生挫折。不要讓他感到絕望。召來全國所有美麗的女人，讓他被她們圍繞著以致於他不斷的沉溺於美女和奢華的事物中。為他興建美麗的王宮，不同的季節有不同的王宮，這樣他就永遠不知道存在著夏季、雨季和冬季。」

「永遠不要讓他看到任何老人或死人。甚至花園的落葉和枯萎的花朵也必須在晚上清除，以便他早上散步時不會看到任何沒有生命的或垂死的東西。因為一旦他意識到死亡，那他的腦中就會產生念頭：如果它們會死，我有一天也會死。」

國王說：「一切都會安排妥當。我可以做到，不用擔心。」

這些建議是所謂的智者提供的。對我而言，他們並不是有智慧的，剛好相反！正是因為他們的建議使佛陀必須放棄王國，因為二十九年一直活在這樣被控制的氛圍中——沒有一片枯葉或枯萎的花朵——以致於當他發現：那是個很大的震撼。

他正要去參加青年節的活動；他必須去主持開幕。道路被封鎖了；任何他要經過的路都會被封鎖，交通中斷了，沒人可以經過。人們得把門關上——不能讓他看到任何醜陋的人。但那一天他要去主持開幕：那個故事是美麗的。

那些死去的師父們看著這一切，他們看到一個偉大的師父被阻礙了。必須做些事。他們不是活人；他們是死去的師父，為了讓佛陀知道生命的事實，他們演了一場戲。

首先，他看到一個人在咳嗽，他是個駝背。

佛陀問車伕：「這個人怎麼了？」

一個師父進了馬車；否則，車伕會說謊。說話的不是車伕，那個師父說：「這會發生在每個人身上。」然後他等著：

佛陀說：「這也會發生在我身上嗎？」

車伕說：「我感到愧疚，但我不能說謊：你不會被排除。這也會發生在你身上。」

佛陀感到悲傷。他只見過美麗的女人、花朵、音樂、舞蹈、美酒。他一直被控制在酣醉的狀態，整天都在享樂。

然後有四個人抬著一具屍體。佛陀說：「這個人怎麼了？他們為什麼用肩膀抬著他？」

附身在車伕身上的師父說：「這是第二個階段，在你剛看到的第一個情況後，人會死去。」

佛陀說：「我的天，這也會發生在我身上？」

在他們對話的同時，另一個穿著美麗紅袍的師父經過，面目莊嚴的，被一股靈氣包圍著——一個桑雅士。佛陀說：「這是誰？」

附身在車伕身上的師父說：「這是個桑雅士。他意識到在一個人死之前，生命會在老年時消逝，老年會導致死亡，死亡後會被火葬。他如此關心以致於他離開了俗世，進入了寧靜，尋找某個不死的、永恆的。他找到了——你可以看得出來。」

佛陀看過最美的女人，最美的年輕人，但這是完全不同層次的美。不只是生理上的；那個人彷彿散發著光芒，被某個光團包圍著。還有他走路的方式，那個優雅…佛陀對車伕說：「把馬車轉向吧。我不年輕了，我不會去主持開幕了。那可以交給其他笨蛋。你送我回去。我的一生改變了。除非我發現我裡面那個不死的、永恆的，否則我無法安心。」

那晚，他逃到山裡面去尋找自己。

那些智者並不是有智慧的，因為如果用平凡的方式養育他——跟其它小孩一樣——他就不會這麼震撼。他會從一開始就知道人會死，會變老、變醜。

如果淨飯王問我，我會說：「讓他和咳嗽的老人一直待在一起，或者結核病人、癌症病人。在他周圍設立醫院：去找最醜的女人，讓她們做護士的工作。訓練他——在王宮附近弄一個火葬堆，並宣告不能在其它地方火葬，每個死人都得到這兒火葬。這樣他從一開始就會知道人會變老，然後會死，屍體會被燒掉。」等他到了二十九歲，已經可以接受這些震撼了；那就是我們成長的方式。

那些所謂的智者給了偉大的建議，但他們完全不了解人的心理。

佛陀也有同樣的問題。六年來，他不斷的去找不同的老師問同樣的問題。但他不是一般的求道者。他不會只滿足於口頭上的知識；他想要經驗，那些老師只給了他借來的知識。

他不斷堅持下去，最後他了解到：你不能用這個方式找到真理，你必須向內看。沒人可以把它給你。

他拋棄了所有學習到的知識——那是他真正的棄世。放棄王國並沒太大的價值。但即使是佛教徒也不會談論第二種棄世——當他拋棄了所有的知識和經典，只是進入了自己的單獨。

不靠任何嚮導和地圖，他找到了自己。

因此，他成道後的第一句話是 appa deepo bhava：成為你自己的光。

阿難被那些問題困擾著。當佛陀說：「那不是你的問題；你何必理會它們？」——但內在的懦弱仍不允許他說：「那些也是我的問題。」

我回答的每個問題也許是不同人問的；也許在那個當下，那個背景下，對他是重要的；也許對你不是重要的——但它可能在某一天或某個片刻對你會是重要的。也許它無意識的躲在你裡面。

所以我是在回答所有人。

我回答了你提出的問題，也回答了你沒提出的問題。

問題不在於你的詢問。

我知道無意識的人們的問題，那是無可避免的，因為我經歷過同樣的黑夜。

奧修，前幾個月我感覺到不只我們得做一個難以置信的跳躍，我也感覺到你發生了一個巨大且難以解釋的變化。對嗎？

存在只知道有件事是永不改變的，那就是改變。

我是活人。

只有死人不會改變。

我每一刻都在改變。

你沒發現到改變就是我的生命力，因為你沒在改變，你過去是死氣沉沉的。現在你有了生氣；你做了量子跳躍，只有這樣你才能了解我持續不斷的改變，我河流般的存在。

我不是湖泊，而是一條河。

但你必須是敏感的，才能了解這點。我以前也改變過——但你是死氣沉沉的。彷彿你在睡覺而我在走路，然後你醒了，你說：「奧修，一個很大的變化發生在我身上，一個從睡眠到清醒的量子跳躍。我不只看到我改變了——你也一直在移動著。」

我一直在移動，即使你在睡覺時；但因為你在睡覺，所以你無法感覺到我的改變。現在你知道改變的感覺，改變的美、喜悅、玩樂心、生命、改變的舞。因為你知道了，所以你可以從我裡面看到。

我的整個方法就在於存在是不斷的改變。

世界上所有的宗教和哲學理論都提到一個永恆不變的神。

當我在大學念書時，有一個教授，羅伊博士：他是個聞名世界的專家，專注在研究鮑桑葵、布拉德雷和商羯羅。他評析布拉德雷和商羯羅的論文獲得世界各地的哲學家的認可和讚賞。而布拉德雷和商羯羅都同意一點：那個最終的、絕對的梵是不變的，它一直是相同的。

他剛取得了博士學位，腦子裡充滿了鮑桑葵、布拉德雷和商羯羅。第一天：羅伊博士邀請我加入他的學校，因為他聽過我在辯論比賽中的表現，有好幾年一直喜愛著我。他對我說：「等你畢業後，無論我在哪兒，你都得在我的學校念研究所。我不想錯過像你這樣的學生。」他為我做了所有安排——獎學金和各種研究津貼，他做了所有能做的。

但他第一天就陷入了爭執。我說：「我不同意這個觀念，你的「絕對的」是死的。」

他說：「你說死的是什麼意思？」

我說：「如果它沒在改變，沒有成長——如果沒有再發生任何事，未來也不再發生任何事——那你能說它是活的嗎？樹木不再長出葉子、花朵和支幹。春天仍會來來去去——你的「絕對的」只是個死物。它必須在改變。」

他說：「我的天，我花了五年發表了論文；受到讚賞……」但他是明智的人。他說：「我無法否定你的論點。你給我一些時間。我明天回覆你。」

我說：「你想要多少時間就有多少時間，但記住：任何不會改變的東西不會是活的。我不想要一個死掉的存在。」

我在那天告訴他，我記得……有個美麗的女人——很富有的女人——要求畢卡索畫一幅她的肖像。她願意付出任何代價，錢不是問題。畢卡索一直不願意畫肖像，因為他的繪畫風格，你不能期待他畫肖像。他可以畫，但你會不知道鼻子在哪兒，嘴巴在哪兒，眼睛在哪兒；一切會是混亂的。但那個女人給了他很多錢，所以偶爾做個改變，他畫了一幅肖像——一生只畫過這一次——可以看得出來是個女人……而且是一幅美麗的肖像。

當他畫好後，那個女人來了，她說：「我很喜愛它。你要求的金額不算什麼。我會給你兩倍。」然後她看到一張畢卡索的照片掛在旁邊。她看了照片……那是個偉大的攝影師拍的，她說：「這是你的照片？——如此美麗。」

畢卡索說：「不，這不是我，如果這是我，那它就能吻妳。我在這兒；那只是一張照片，沒改變過的，無法和人接吻，無法從照片中走出來，永遠不變的。我會變老，我會死。這張照片會一直在那兒；它不會變老或死去，因為它不是有生命的。」

我對羅伊教授說：「你的「絕對的」、商羯羅、布拉德雷和其它哲學家的「絕對的」、還有宗教人士的神，它們都只是肖像或照片。它們可以一直是靜止不變的。如果它們活著，春天將會來到，鳥兒會唱歌，葉子會長出來，花朵會綻放，存在的河流會持續不斷。」

人們一直以為當你成道，你就抵達了成長的最高點。我要對你說，那都是胡扯。如果人們停在那兒，那是他們的錯。那確實是值得停留的美麗地點，在漫長的旅程後，停留在那兒會是很大的慰藉——但旅程會繼續下去。

我沒有停下來，我超越它了——也許是第一個超越成道的瘋子。因為沒人超越過；至少過去沒有過，沒人試過。

但對我而言，旅程就是終點，所以不會有任何停頓，不會有最後一站，不會有目的地。

奧修，我的母親非常愛你。我的父親很嫉妒，因為他害怕失去第二個女人。在我的家庭——非常大的家庭——每個人對你有不同的意見和感受。即使我是唯一的桑雅士，但仍有這麼多人成為你生命中的一部分，如此糾結——看著每一步，以及接下來會發生什麼。除了有些只是接受點化的人之外，你不是還有很多弟子和你一起工作嗎？

有很多層次。桑雅士是最重要的，先鋒。

然後是半心半意的桑雅士，他們是不堅定的：早上是桑雅士，傍晚就不是了。那就是頭腦的運作方式，像個鐘擺，從某一邊來到另一邊，不斷移動。但無法維持太久——他們遲早得決定。

他們無法決定一直不成為桑雅士，因為對他們而言，有件事是確定的：他們的一生都沒當過桑雅士——得到了什麼？如果他們持續不成為桑雅士，他們將無法得到任何東西——狂喜和興奮。所以只是為了改變，給自己一個機會是好的，換一個新的生活觀；過去的生活觀已經失敗了。

所以那依他們的意識而定。如果他們夠勇敢，就會立刻決定；如果他們不夠勇敢，決定晚點再說——但最後他們將會成為桑雅士。

第三個層次是支持者。他們愛我，但他們過於涉入俗世和它的一切以致於他們覺得接受點化會造成混亂。但從某個角度來看，他們勝過第二個層次。他們不是優柔寡斷的，他們的支持是堅定的。他們和我在一起，任何機會⋯而機會每天都有。某個人的妻子跑了，某個人的丈夫不見了。某個人的父親死了，某個人的母親得了癌症——總是會有機會。

他們得決定，死亡並沒有很遙遠⋯它不會通知你或暗示你。它只是直接來到，把你帶走。它甚至不會等你完成工作——「如果死亡不會等我，那我為什麼還要等？」

而桑雅士就是和死亡的對抗；那是和死亡對決。

所以那些支持者，不論是明天或後天，將會走出成為桑雅士的重要一步。

然後是第四個層次：半心半意的支持者。他們陷入困難。他們的心和我在一起，他們的頭腦則非如此。他們為此受苦和分裂，如果他們不決定，將會精神分裂。他們裡面大部分的人會傾向成為桑雅士，而不是精神分裂者；桑雅士會使他們變成完整的。

妳的家庭中，這四個層次的人都存在，妳得幫助這些可憐的傢伙。

妳的父親自然會嫉妒：他的女兒走了，現在連妻子也走了。只要在他耳邊說：「你何不比她先接受點化？和嫉妒相比，那是更男子氣概的，嫉妒是女性的特質。去領先她。就失去女人而言…不用擔心，因為這兒的女人多到讓男人害怕。」也許我的人是全世界唯一男人被女人追的。這是很大的進化！其它的地方都是男人追女人——她們很享受——一直以來都是這樣。她們不會跑太遠，她們總是在你伸手可得的地方，但她們會使你氣喘吁吁。

但在這兒，情況是不同的。在這兒是女人在觀察…人們只是坐著，不做任何事——他們以為春天會來到，綠草會自己生長。而那也真的發生了：春天來了，女人自行來到。所以何必擔心要去哪兒？只要靜靜的坐著！如果靜心可以為你帶來最終的，那可憐的女人…

只要在妳父親的耳邊悄悄的說——他是個德國人，他會立刻改變心意。他得比妳的母親更早成為桑雅士。讓他了解：「如果你跟不上自己的妻子，那對德國人會是個恥辱。超越她！」

奧修，你的微笑是唯一的答案嗎？

被你發現了！

第二十六章
師父——你的死亡和復活

奧修，跟你在一起越久，我就越來越不知道我是誰。我錯過你了嗎？

這就是得到我的方式，也是得到你自己的方式。

你沒錯過任何事，但頭腦會不斷提問，因為頭腦需要資訊——更多的資訊會讓你覺得得到它了，你變得更博學多聞。

在這兒，我們完全不在乎資訊。我的工作在於轉變。你擁有的資訊越少越好，因為你就會越天真。當你說：「我什麼都不知道」。你就很接近了。記住，我是說你很接近，但你還沒得到——因為說「我什麼都不知道」表示你至少知道你什麼都不知道；仍然有些資訊存在。

讓我告訴你一個美麗的故事。我有很多喜愛的故事，但這個故事打敗了全部。

印度其中一個最偉大的神秘家是菩提達摩。他生於一千四百年前。因為某個奇怪的原因去了中國。有人問他為什麼來，他說：「因為在印度，人們知道太多了，我需要天真的人。」

他在中國花了二十年的時間。然後他老了，將近九十歲。他說：「是時候了，我要回去喜馬拉雅山了，因為就死亡而言，全世界沒有任何地方比得上——如此寧靜以致於你可以充滿愛、靜心的、有意識的接受死亡。但在我離開前，我要把我用了二十年創造的神秘學校給予我的一個弟子。所以認為自己可以運作我的學校的人站起來。」

他有幾百個弟子。只有五個人站了起來。

他笑了。他說：「你們是錯過我的人，滾出這個學校。」

然後他掃視全場，看著每個弟子的眼睛，找到了四個人。把他們叫了出來，然後他說：「我要問一個問題。你們的答案將會決定誰能在我離開後代表我。我的奧秘方法的精髓是什麼？只要用幾個字回答。」

第一個人說：「是靜心。」

菩提達摩說：「你得到我的皮。你只穿透了我的皮膚。回到你的座位。」

然後他問第二個人：「你的答案呢？」

第二個人說：「成道。」

菩提達摩說：「你得到我的骨；回到你的座位。」

第三個人說：「師父，我不知道。」

菩提達摩說：「你得到我的髓。很好，但還不夠；你仍然知道某些事。回去坐好。」

他看著第四個人。那個人雙眼含著淚水，沒有說話。他跪在菩提達摩的腳旁。菩提達摩說：「就是你了，你代表我。你得到我的存在。你得到它了——他們無法透過文字說的，你已經透過你的寧靜說了。他們無法說的：雖然有一個人很接近，他說：「我不知道」，但內心深處，他仍然很自豪什麼都不知道，他充滿著「我不知道」的想法。他無法說出來的，已經被你用淚水大聲的說出來了。」

那個人後來成為禪宗二祖。

菩提達摩離開前告訴他：「小心。我創造了很多敵人，他們會想要殺了你。那五個最博學多聞的學者會報復。這三個被我否定的人會反對你。保護你自己——因為我的心已經傳給你。」

你越接近我，你就知道越少。有一天，你會來到最接近我的狀態，當你感覺到「我不知道」的狀態。但即使最接近的距離也等同最遙遠的星辰，因為接近——即使最接近的點——也是個遙遠的現象。

當你變成一的那一天，只有那時：但那時將不會有任何文字留下。只有感激、淚水、一首歌、一支舞——被世界上的知識份子認為瘋狂的事——但只有這個方式可以表達那個無法表達的。

奧修，當我參加你的達顯，我感覺到恐懼，彷彿死亡。但在你的存在中，恐懼消失了，我感受到生命。這是怎麼回事？

古代的先知講過一句奇怪的話。我問過印度教的導師——因為技術上而言，他們代表了那些古代的先知——但沒有一個能夠解釋。那句話是「師父只會是死亡。」

但那只是那句話的一半；另一半是「師父也是復活」。

來到我這兒，你感覺到對死亡的恐懼。那是絕對會有的感受。我對你而言會是死亡。我的功能是殺了你，因為無論你現在的狀態如何，那都不是你的實相。必須摧毀它、燒毀它、拆掉它。就像鳳凰——透過燒毀舊人格的火，一個新的存在誕生了。

因此，師父也是生命。那就是你為什麼會在這兒感受到生命。自然會困惑：你害怕死亡，但在這兒感受到比任何地方還要多的死亡。你的生命給出了最完整的表達；你聚集的所有灰塵都消失了，你的鏡子是完全潔淨的。

師父也是新生命的開始——老舊腐爛的人格的結束，嶄新永恆的個體性的開始。那就是師父的奧秘，他的矛盾——他殺了你以便救你，沒有別的辦法。

在曼蘇爾的神秘學校的大門上寫著：除非你準備要把自己留在門外放鞋子的地方，否則不要進來。你是被歡迎的，但留下你腐爛的自己、你的頭腦——那都是垃圾——和你的鞋子放在一起。如果某人偷了你的鞋子，偷了你的人格，那你是幸運的。

另一個師父，曼蘇爾的師父，朱奈德，在他的學校門上寫了一句話：除非你想要被殺，否則請回頭；不要進來。

這些人說的話是完全正確的。他們說得很清楚，這樣你事後就無法說：「你騙了我。」但那些進了他們的神秘學校的人，當他們出來後，已經是一個嶄新的生命、真實的生命、擁有知道終點不存在的喜悅、擁有永恆的愛，擁有神性的雙眼。只有到那時，他們才了解到他們已經得到了太多，而他們失去的只不過是疾病、瘋狂、痛苦和死亡。

你的這兩個經驗都是對的。現在由你決定要哪一種。

如果你想要生命，豐富的生命，那就準備死亡。在每一刻死去以便每一刻都能重生，那就是所有宗教的整個秘密所在。

奧修，我跟你在一起越久，我就對你知道越少。讓我突然想到，沒有任何關係，卻和你在一起……一個坐在你腳旁就會產生的體驗。您是否可以談談這個奧秘？

沒有任何奧秘。這只是事實。

從某個角度來看，任何關係或多或少都有一個有所期待或需要的微妙束縛，隨之而來的則是抱怨和挫折。

每段關係都以痛苦告終，以致於人無法相信這和剛開始的甜蜜關係是同一個。

剛開始的關係有某種芬芳，漸漸的，它變得令人噁心。原因並不是某個人要為此負責——關係的本質即是將每個甜美的經驗變成酸苦的經驗。

我聽說有個偉大的外科醫生——他的國家中其中一個最著名的醫生——打算在七十五歲退休。人們都是在六十歲退休，但外科醫生很寶貴，即使到了七十五歲，他的操刀技術仍是很精準的：從沒有失敗過。他是個腦科醫生。因此破了例，讓他繼續工作，無論他想要做多久。到了七十五歲，他說：「時間到了。」

他所有的學生——有數百個學生都師承他——他所有的同事都聚在一起，在傍晚慶祝，向他道別。他們跳舞、喝酒和唱歌，有人發現主角不在。這是奇怪的。於是某個人出去找他。在黑暗中，那個醫生坐在花園的一棵樹下。他們是老朋友——他問：「你怎麼了？我們都來為你慶祝，而你卻離開我們，自己坐在這兒。」他是那個國家其中一個最好的律師，也是那個醫生的律師。

外科醫生說：「我就是因為你才坐在這兒。你可能忘了五十年前我只有二十五歲的時候，我在二十三歲時結婚：那是個因為愛而結合的婚姻，但不到兩年，愛就變成了恨。你是我的律師。我曾問過你：『如果我殺了她，會有什麼結果？』你說：『不要這麼做。你至少會坐五十年的牢。』

「我坐在這兒想，如果我沒聽從你的建議，你這笨蛋。那我今天就會被釋放。只是因為五十年的牢，我想最好還是繼續生活下去，跟別人一樣——也許每個人都有同樣的恐懼。女人這樣做是因為同樣的恐懼，男人這樣做也是因為同樣的恐懼。我對你感到憤怒，也許我應該殺的是你！你要為毀了我的一生負責，你還自認是偉大的法律專家——都是胡扯！」

愛為什麼會變成恨？友情為什麼會變成敵意？哪裡出錯了？那和人無關，而是和關係有關。關係有賴於期待。男人是無能為力的；女人也無法滿足任何人的期待。當這些期待沒有被滿足，挫折就會到來；事情會開始出錯。

對於師父和弟子間發生的奇怪經驗，因為語言的貧乏，我們只能使用「關係」這個字。但那不是關係，不是你知道的關係。它自成一類。你必須了解——那是一刻接一刻的經驗，沒有任何需求和期待。

師父是隨時可取用的，弟子則是有接受性的，在這個可取用性和接受性之間，奇蹟發生了；某件事發生了，那是文字無法形容的。因為它不是關係，所以它永遠不會變得老舊——它一直是新鮮年輕的。你每次去找師父，那個經驗不會是一成不變的。

那和你其它的關係並不相同，但如果你學到了處於師父存在中的方式，那它可以成為你的生活方式：可以發生在你和妻子之間、你和小孩之間、妳和丈夫之間、你和父親之間、你和母親之間、你和朋友之間。問題只在於知道這種事是可能的，對人類而言是可能的。如果在師父和弟子之間是可能的，那為什麼在兩個愛人之間會不可能？他們每次的相遇不會是一成不變的，不是記憶。不是某個他們以前就知道的，它是完全新鮮的、絕對年輕的，剛誕生的。

如果它可以遍及於你所有的關係，你就將奇蹟帶入了你的生命。那是我的希望和夢想：我的桑雅士能夠把這個奇蹟帶入他們的生活，他們所有的關係將會有一個完全的改變。

如果你問一個丈夫，要他誠實回答有多久沒看過妻子的臉，也許他會說好幾年了。雖然他們住在同一間房子，在同一間房子內吵架、生小孩和一千零一種事情，但他已經好幾年沒看過妻子的臉。記憶已經累積了很厚的灰塵，以致於當他想去看，也看不見——有這麼多面具、這麼多面貌。

妻子也無法說……

當兩個人戀愛——還不是關係而只是個夢的時候，一個美麗的希望——他們看著彼此，觸碰對方的手，感受溫暖，深入看著彼此的雙眼。他們有無數種聯繫彼此的方式，但沒有任何關係存在。存在的是某個詩意般的；生命還沒變成散文。當他們結婚後，婚姻有它的化學作用：詩歌會變成散文，一切會變成平淡的。

最多，那些婚前的美麗日子會徘徊一會兒，直到蜜月結束後——如果你是幸運的。但很少人會這麼幸運；那些去度蜜月的人，行李箱還寫著新婚，當他們回到家，彷彿剛從廣島和長崎回來。發生了大災難。

有一對美麗的新婚夫妻待在一個美麗的渡假村中。一個滿月的夜晚……妻子正躺在床上等著丈夫。丈夫則坐在窗邊；她持續問他：「午夜了，你到底要不要上床？」

他說：「閉嘴，去睡覺。我的母親說過：『不要錯過每一刻。』這是蜜月的晚上，我不會睡。有一輩子可以睡覺——妳可以先去睡。」

這個笨蛋仍在聽從母親的建議——「不要錯過每一刻」——所以他抬頭看著月亮。自然的，「蜜月和月亮有關，而不是妻子。」

現在，他們的船已經觸礁了。

這不只是一個荒謬的故事。可以從裡面了解整個心理學，因為每個男人都在尋找他的母親，但他從未在妻子裡面找到。那是很令人挫折的。每個女人都在尋找她的父親，她從未在丈夫裡面找到。那是個不幸。他們為了某些無意識的原因而結婚，而他們自己都沒發覺。每個男人從童年時就在嫉妒父親。他想要佔有母親，父親是敵人。每個女孩都在嫉妒母親：她想要佔有父親，但母親總是擋在中間。所有的記憶都深藏在無意識頭腦中。

那就是為什麼當你愛上一個女人，你無法說出原因，為什麼是那個女人——因為你不是覺知的。你的愛無法是有意識的決定；那是個無意識的現象。你只是被無意識操控的傀儡。婚前，當你們相遇，你們都戴著最好的面具，呈現最美麗的人格——不是最好的領帶和大衣，而是你最好的人格——女人也在做一樣的事。四個人在焦伯蒂海灘相遇：每當你看到兩個人相遇，記住那是四個人。真實的兩個人躲在背後；虛假的兩個人則在重覆電影上看到的對話。連對話也不是他們自己的。

一旦你結婚了，你無法繼續這樣。這是很累人的。你可以在焦伯蒂海灘維持一小時，但無法維持一生。你得把大衣和領帶拿掉。你得做真正的自己。

有個人結婚了。在睡前，他的妻子正要去浴室。她說：「把燈關掉。」

丈夫說：「等妳出來再關。否則妳會待在黑暗中。我們沒來過這兒，一間新的飯店，妳不知道傢俱的擺放位置。」

妻子說：「你到底要不要聽我的？」

丈夫說：「我完全不在意燈是否開著——事實上，我想要關掉，我只是擔心妳。」

妻子說：「你為什麼想關燈？」

丈夫說：「事實上，我的左腳是假的。它是木製的，但在黑暗中，我可以想辦法，沒問題。妳遲早會知道，所以最好讓妳從一開始就知道。」

妻子說：「很好；那就是我堅持關燈的原因——因為我的乳房是假的，它是平的。」

丈夫說：「我的天。我現在知道妳為什麼有一個飛機外型的金鍊墜——因為它要停在機場！但如果還有其它問題，最好從一開始就說出來，而不是之後發現，一再的被驚嚇。」

妻子說：「好，我的左眼是假的。」

丈夫說：「我也得說實話：我的牙齒是假的。」

妻子說：「你以為這樣就可以嚇到我？我沒有頭髮。這是假髮。」

他們都是…現在還有什麼是真的？

他們說：「很好，現在該睡了。想要做任何事會是不適當的——做愛等等。那不適合我們。第一天已經結束了；在它開始前就結束了。」

但無論在第一天、第二天或第三天結束都不重要。每段關係都將會粉碎，因為你總是在粉飾你的人格，遲早你得展現你的個體性。那將會是…你們也許住在一起，但卻已經是離婚的狀態。

師父的存在必須是一刻接一刻的活生生的經驗。師父不要求你任何事⋯也不強迫你做任何事或有任何期待。他是快樂和感激的，因為你如此信任而對他敞開、接受他。弟子必須學習：不要期待或要求任何事，只是等待，讓事情自行發生。

有時候偉大的話語是危險的。

例如，耶穌說：「敲，門就會為你開。」我無法這樣說。

我會說：「等待，看。一旦你的等待和看是完整的，門會自行打開。敲門是侵略性的、暴力的。」

耶穌說：「要求，它就會被給予你。」

我要對你說：要求會使你成為乞丐——不要要求。只要像皇帝一樣的等待，處於你自己的中心，對存在如此充滿信任以致於沒有要求的需要，存在將會把它灑落於你。

耶穌說：「尋找，你就會找到。」

我要對你說：尋找，你就永遠都找不到。你要去哪兒尋找？它就在尋找者裡面。無論你去哪兒，你都會走錯。只要靜靜的坐著，放棄所有尋找和欲求。變成一個累積能量的池子，毫無移動，堅定的——你就會發現它。它就在尋找者的中心。

奧修，我在講道期間感受到更勝以往的親密。感覺你就像對當下和你在一起的個體講話。

我在普那或牧場時都沒有這樣的感覺。這是神祕學校的一部分嗎？或者是我對你更敞開了？

我一直在不同的時期從不同的層次來講話；那是絕對需要的。剛開始我得婉轉的說話，否則你可能會被嚇到。必須說服你去死和重生，因為對你而言，新生命是未知的。舊生命是你唯一知道的。所以剛開始我得很婉轉的談話。

例如，我談論卡比兒、蜜拉、湯馬士、赫拉克利特、畢達哥拉斯。在這過程中，每當我找到重擊你的機會，我就會這麼做，但基本上，我會使你被赫拉克利特或畢達哥拉斯吸引。我一直在挖掘墳墓讓死人復活，同時讓你陷入其中。當你被佛陀、馬哈維亞、山卡拉吸引……我會偶爾重擊你一下，看看你會逃走或留下；否則要怎麼做？我和赫拉克利特無關；他也和我無關。他從未談過跟我有關的事，而我花了好幾年！但那是個策略，必須的。然後我拋棄了那些策略，因為我發現有些人準備接受我直接對他們談話。

三年半來，我一直保持沉默，因為我不在意那些只是理智上對我有興趣的人。我要他們離開。

在那三年半中，他們消失了。然後只留下那些不在意赫拉克利特、畢達哥拉斯、佛陀、馬哈維亞、克理虛納的人——即使要去地獄，他們也不在乎，他們不在乎那些人。現在我可以直接對你們說話了，你們不是理智導向的。

在保持沉默的那幾年，使我和那些理智導向的人分開，因為寧靜只會留下那些心和我的心以同樣的旋律跳動著的人。然後，來到了新階段。

現在這是個神祕學校。我可以毫無保留的談論，不在乎你們是否會感到受傷或被洗腦。現在你們是我的人，你們已經毫無保留的對我敞開。

所以你是對的，這是個神祕學校。為了建立它，我得工作二十五年去找到真誠的、真實的、由衷的人。

確實，你也是更敞開的。所以你感覺到更深入的、更個人的接觸——彷彿我直接對每個人講話，而不是對一群人。這兒沒有任何群眾。

必須提醒你，如果你的頭腦在喋喋不休，那表示有一群人在那兒；如果你是寧靜的，那就只會有一個頭腦、一個寧靜——因為不可能會有一百個寧靜在這個房間。一百個瘋狂的頭腦是可能的，但不可能會有一百個清醒的存在。清醒會使你和其它人連結，瘋狂會使你遠離其它人。所以現在我不是對群眾說話，我是直接對每個人說話。但這都依你的敞開而定。

所以你的這兩種感覺都是對的；你的敞開和神秘學校只是同一枚硬幣的兩面。

奧修，剛開始我以為你認識我們每個人，即使我們從未見過，我了解到我這樣相信是因為我想要這樣。之後，我發現那不是真的，但不知為何，我也接受了。現在我不知道。

在師父和弟子的關係中，師父是否需要認識每個弟子？

師父的功能是摧毀你的人格。他把你當成個體，不是把你當成「人」。人格是被創造的、發明的。個體性是天生的。

師父在意你的個體性，你天生的部分，你的自性，沒被汙染的。但他不在乎你是醫生、工程師、水管工或總理；不在乎你的生活是否有成就或失敗，不在乎你是印度教徒、回教徒或基督教徒，不在乎你是黑皮膚或白皮膚。這些次要的部分構成了你的人格。只有你的意識構成了你的個體性。就個體性而言，都是一樣的——它是每個人都有的。這是生命的最大奧秘——你裡面最獨特的部分也同時是每個人都有的，因為它在每個人裡面都是一樣的。

我也許不是工程師、畫家或醫生。有無數種方式可以擁有人格，但只有一個方式可以擁有個體性——那就是完全的寧靜。在那個完全的寧靜中，你知道你所是的個體，你也知道那個每個人都有的，因為它不是不同於你的。

你只是一滴露珠。

當你靜心，露珠會開始從蓮葉滑落，掉進海洋。

當靜心是完整的，露珠就會消失在海洋中。

或者你可以說，海洋消失在露珠中——那是一樣的。

第二十七章
你以為這是講道…它只是建議

奧修，無論師父說了什麼或做了什麼，都只是用來轉變弟子的策略嗎？

世界上其中一件最不可能做到的事就是指出最終的真理、解釋最終的真理。那個經驗是超越文字的。困難在於我們沒有其他溝通的方式；文字是我們唯一用來溝通的工具。

但還是得說出那個最終的，必須指出它；這是那個經驗本身固有的需要。當你知道它，就在那個當下，同時會產生想要分享它的強烈慾望；它們是不可分開的。

一個小故事會有幫助。

當佛陀成道，他知道了實相的本質——不只知道，也經驗到；不只知道…他也變成了它。他腦中出現的第一個問題是：「我要如何表達它？它是如此浩瀚。整個天空…也許不只整個天空，而文字是如此渺小。它是如此深沉，連海洋都比不上；而文字…它們沒有任何深度。它是多重層次的。文字是線性的，單一層次的。要如何對在這條路上摸索的人表達這個奇特的經驗？我在這條路上已經摸索了無數世⋯」

自然的，慈悲心產生了，因為那些摸索的人不是陌生人，他們是同行的旅人。找到那扇門的你是被祝福的。不要那麼冷酷；想辦法讓那些聾子聽見，讓那些瞎子看得見。讓文字舞動，唱出它們，表達那個狂喜——但要怎麼做？

他進退兩難：一方面，慈悲心拉著你去聯繫那些求道者。另一方面，完全相反的力量拉著你，使你保持沉默，因為沉默是如此美麗、如此喜樂、如此的至福。那個體驗要你把自己完全淹沒在它裡面，但慈悲心要你再留在此岸一會兒，去呼喚每個聾掉的人。也許有人可以因此聽見。

有七天，佛陀是沉默的。他無法決定。沉默是比較容易的，享受那個經驗、不在乎其它人是比較容易的——但那是殘忍的、暴力的，對於屬於心的層面的人而言，這是不對的。但困難的是，即使他決定去表達，人類的語言中沒有任何文字可以呈現最終的經驗。透過溝通或解釋都無法證明它。唯一的方式就是經驗它。如果你想在經驗它之前要求證明，那是不可能的。它是無法被證明的。

感到為難，他一直保持沉默。

這個故事是非常美的，但記住這是個寓言，不是史實。

天堂的神⋯

佛教不相信只有一個神，因為那太法西斯主義了。佛教相信有很多神，更民主的——每個人最終都會成為神；那是你的潛力的綻放。那些已經綻放的人都成為神了；本質上而言，你和祂們沒有任何差別。祂們沒有創造世界。祂們曾經跟你一樣無知和盲目，但祂們找到了自己的方式，開花了，祂們的春天來到了。

所以佛教中，「神」只是個進化的用語。人進化成神——不是神創造人；人不是神創造的。神是你的存在之蓮的最終綻放。世界上的所有存在遲早都會成為神，那是注定的。

天堂的神等了七天。整個存在只有祂們知道喬達摩已經回到家了，祂們都在等他開口——因為這個機會是非常罕見的、絕無僅有的——有人達到了如此壯麗、被祝福的狀態。不該讓這朵花還沒散播它的芬芳就消失了，喬達摩應該說些話。

但七天過去了，他越來越深入自己，沉入到自己裡面。祂們擔心——因為過去有很多人都是如此；那些知道的人一句話都沒說…雖然真的很難說出來——幾個神代表了全銀河系的神下了凡去見佛陀。

三十年前，我坐在同一棵樹下，思考著這個故事——一個貧窮的地方，旁邊有一條小河，尼連禪河。當佛陀在尼連禪河畔成道時，這個地方一定見證過如此黃金般的時光。到了第七天，諸神來到這兒向他祈求：「還記得您對於慈悲心的教導嗎？這正是展現它的時候。請說話吧！無論你經驗到什麼，請說出來，給它翅膀，讓它碰觸到那些口渴的人。」

佛陀說：「這七天我一直在努力，但沒有任何結論。問題在於即使我說了，我知道它仍沒有被說出來。它是如此浩瀚——語言是如此貧乏，而它是如此豐富。這不是我的錯；即使某些部分變成文字，它仍無法碰觸到人們。他們的頭腦充滿了垃圾，他們會解讀它。到時有誰在那兒聽？如果要聆聽，天真是需要的。

「不幸的，這個國家的每個人是如此博學多聞，你找不到一個會說：「我不知道」的人。人們談論神、天堂和地獄⋯一萬年來累積的知識，一代傳給一代。每個頭腦都充滿了知識，沒人準備去聆聽。」

佛陀說：「最好還是保持沉默。」

諸神在旁邊的竹林中討論該怎麼辦。「他說的沒錯，但還是得讓他說出來，因為不知道下一個成道者何時才會出現。我們知道他的困難，但我們不能讓他沉默。很難找到如此有教養的、可以明確表達一切的成道者。他會想到辦法的。」

祂們回來了，從佛陀的回答中找到了漏洞。祂們說：「對於百分之九十九的人⋯甚至百分之九十九點九的人而言，你是對的，但百分之零點一的人怎麼辦？你不能否認可能有人會聆聽你。這個世界可能有某個人會被你的文字轉變，如果你不說話，他會持續在黑暗中摸索——他已經在邊緣了，需要推一把。不要這麼冷酷。為了那些人，請說話吧。」

你的問題是：師父所說的話和所做的一切只是個策略嗎？

是的，它們只是策略，用來讓你更接近真理。因為沒有任何直接的方式可以傳達它；所以需要找到間接的方式。

那就是策略的意思——一個間接的方式。你以為你在做某件事；但師父則計畫讓另一件事間接的發生。

例如，我對你說話：你以為這是講道。但它不是——只是個策略。當你在聽的時候，我在進行我的工作。你在和那些文字嬉戲。你是如此投入和關注，以致於你的頭腦完全被佔用，而我就能有一個心對心的接觸，頭腦不會打擾到。頭腦甚至不知道。這個心對心的接觸只有在師父的存在中才會發生，但必須讓頭腦被某些玩具佔據。

不同的師父有不同的玩具；它們都是策略。然後那些策略變成了宗教，人們與之對抗。它們不是真的。真的部分跟著師父死了，隨著師父的消失而消失了。真的部分在他的存在中、他的寧靜中、他的眼中、他的心跳中。

你可以看到那個不同。

佛陀說的一切被無數的佛教僧侶重覆了二十五世紀，但那些話語無法創造同樣的衝擊。少了什麼？如果只是文字，那無論是佛陀說的、湯姆說的、迪克說的、哈利說的或任何人說的，都不會有任何差異——只是一張留聲機唱片：「師父的聲音」——但師父不在那兒。為什麼那些話語無法敲動你的心鈴？

耶穌說的話或查拉圖斯特拉說的話，文字是一樣的。你每天都使用那些文字，但除非你有那個經驗，否則你說的話都是沒意義的——即使它們是學問精深的，即使是某個偉大的學者或拉比說的。

「拉比(rabbi)」這個字常讓我想到垃圾(rubbish)；我無法拋棄這個想法。

他們熟悉經典，有時候甚至是比克理虛納、馬哈維亞或佛陀更好的演說家；受過更多訓練的講者，了解所有技巧。但他們的文字仍是死的。

有一個偉大的基督教神學家常去印度。他的名字是史丹利瓊斯。他是基督教學院的校長的客人。那個校長是我的朋友；我因此而認識史丹利瓊斯。他寫過很多美麗的書。他是一個很博學的人。

他常常布道，並使用十五到二十張明信片大小的卡片來輔助；每張卡片都用速記的方式寫下他要說的話，這樣就沒人知道上面寫了什麼。而且他總是站著講話，所以人們不會看見那些卡片。第一張卡片上的內容被講完後，他就會換第二張、然後第三張。

有一天，在他要布道前，他排好了那些卡片，然後去浴室做準備。我把那些卡片弄亂——第十五張換成第一張，第一張換成第十五張，第三張換成第十張，第十張換成第三張。我把它們調換後放好。他從浴室出來後，拿了那些卡片準備去布道——我跟在他後面。

正要開始時，他困惑的看著那些卡片：「發生了什麼事？」因為卡片上的內容不是他要說的——「引言在哪兒？」他幾乎精神分裂。在幾乎兩千人的聽眾面前，他開始尋找那張有引言的卡片。他找不到，於是他靠自己布道，但他從沒有靠自己講過。

人們很驚訝：他們從沒遇過一流的神學家會有這種三流的布道——而且他們以前都聽過他布道。他滿身大汗，但那時是冬天。最後他終於結束了布道。他不知道自己說了什麼，聽眾也不了解他說的一切，不知道發生了什麼事。都是無關的內容，不一致而且前後顛倒，一開始要講的內容卻在最後才出現…引言在最後才出現：「兄弟姊妹們…」

他很憤怒。回到校長家後，他說：「我要殺了你！」

我說：「你一定會有這種想法。但我這樣做是有原因的：你認為耶穌會用這些卡片嗎？而且你的表達能力還勝過耶穌。因為耶穌沒受過教育，他甚至不懂希伯來語。他只知道當地的方言，阿拉姆語，只有工人和窮人會用的語言。博學的人、受過教育的人和富人都說希伯來語；阿拉姆語不是給他們用的。耶穌沒辦法攜帶這些卡片，因為他不會寫字，但他說的話像一把火。你也說同樣的話，但沒有任何熱情和溫暖。它們不是來自你的心，而是來自一個死人。而你如同電腦般的運作著——你不是神學家，只是一部機器。」

每個師父都得依據自己的天賦、能力和才能來創造策略。

例如，其中一個最偉大的蘇菲師父，魯米，沒什麼可以說的，他不是使用文字的人——但他知道如何跳舞。他的講道是屬於跳舞的。他會跳舞，門徒也跟著跳舞，有個舞蹈被稱為旋轉舞…只是站在某個地方開始旋轉。這個舞蹈使他成道，因為他連續旋轉了三十六個小時，毫無間斷，直到倒在地上。但當他睜開雙眼，已經是完全不同的人了。

旋轉舞仍流行著。托缽僧和魯米的跟隨者，仍繼續這樣的旋轉——但沒有任何事發生。那只是個策略。魯米還活著時，它是有用的；他給了它生命。透過魯米，跳舞不只是跳舞。和魯米一起旋轉會使你漸漸變成在天空中循環不斷的星辰，在魯米的優雅、美和經驗下使你散發著光芒。

真理是有傳染性的，而且它沒有解藥。

一千兩百年來，托缽僧一直旋轉著；但沒任何事發生。你可以持續旋轉，但你忘記旋轉之所以重要是因為有一個抵達光之源頭的人——當你在旋轉時，他進入了你的心。

我想到一個故事，有一群人去打獵，湊巧遇到魯米的神秘學校。出於好奇，他們在一旁觀察。那是個有圍牆的花園，將近一百個門徒和魯米在裡面旋轉著。那些人想：「這些人瘋了。誰聽說只是旋轉就可以讓你得到真理？哪個經典或宗教有提過？沒有。這個人瘋了，這些年輕人也因為他而發瘋了。」

他們離開了，打獵比較重要。顯然它比和魯米一起旋轉還要理智。

在打獵後，他們返回了。出於好奇，想知道那些旋轉的人現在如何了，於是他們再次偷偷觀察。他們很驚訝：那一百個人靜靜的坐在樹下，閉著雙眼，彷彿沒有人在那兒——絕對的寧靜；你可以聽見風吹過樹的聲音。

那些獵人說：「可憐的傢伙：失去了所有的能量。現在他們像死人一樣的坐著；也許裡面有些人已經死了。」

你認為他們還會討論這些人是否得到真理嗎？閉著眼睛坐著：「那何必旋轉，可以直接坐著。」他們離開了。

一個月後，他們再次回來打獵。同樣的，因為好奇——「不知道那些人現在如何——他們都死了嗎？繼續坐著還是離開了？或者有發生其它事嗎？」

他們偷偷觀察。裡面沒人，只有魯米坐在那兒。他們笑了：「每個人都逃走了；他們一定發現這個人瘋了。幾乎因為跟著他旋轉而死掉，他似乎是專家，連續三十六個小時……換成其它人早就死了！沒有休息，只是不斷的旋轉……」

於是他們去問魯米：「你的門徒呢？我們一個月前來過，有一個至少百人的團體在這兒。」

魯米說：「他們旋轉著，他們找到它了，把它吸收了，到世界各地去散播訊息。」

「那你在這兒做什麼？」

他說：「我在等第二批人。我的人離開了；他們會帶來第二批人。」

瑜珈、譚崔：都是策略，但只有透過師父才會有用。否則一切會變成醜陋愚蠢的。現在瑜珈變成了體操訓練。而政府想要把它導入到每個學校，當成運動。但它不是，它不是為了身體而創造的；沒錯，會使用到身體，但它是用來了解某個超越身體的。

譚崔被那些不了解的人使用，它變成了性放縱。否則它會是其中一個最偉大的方法，可以用來轉變人的能量，從最低的脈輪來到最高的脈輪，薩哈斯拉，第七個脈輪——一個人知道了自己是宇宙存在的一部分。

無論是生理上的、心理上的或口頭的，各種方法，基本的條件是活著的師父。沒有活著的師父，一切都會變成有毒的、危險的。

我設計了很多靜心。如果你獨自進行，它們會是危險的，因為你不了解自己的無意識頭腦、集體無意識頭腦和宇宙無意識頭腦。你的內在有這麼多黑暗，你可能會擾動你內在中沉睡的威脅。只有和師父在一起才可能不落入無意識的黑暗中，只有和師父在一起才可能上升到超意識，進入集體超意識，進入宇宙超意識中。路是很險峻的，如同站在剃刀的邊緣。

你需要某個不只是理智上了解方法的人，他還得是存在性的。

奧修，經過了幾個月，昨天我再次見到你——所有的疑問都因為見到你和聽你說話而消失了。請告訴我為什麼會這樣——因為當我獨處時，頭腦則會不斷的懷疑和困惑。我要如何和這個瘋狂的頭腦做朋友？我已經試了好久。

你做的努力是錯誤的；所以會失敗。

這是很明顯的，只是待在這兒就使你所有的問題都消失了，使你的懷疑蒸發了——你不再是你的頭腦，你變成了靜心。你變成了寧靜、充滿愛的、平和的沉靜。而且你沒做任何事；我也沒做任何事。

我沒做任何事，你也沒做任何事，那發生了什麼？過了一段時間後看到我，聽我講話，你變得非常全然的關注，以致於沒留下任何可以產生問題的空間。你變得如此強烈的覺知以致於懷疑消逝了。現在，這是個提示：你靠自己做的一切是個對抗；你在和頭腦對抗。但你永遠不會贏，因為頭腦只能被全然的覺知、觀察和觀照所征服——而不是對抗。

不要說它是瘋狂的，不要譴責它——因為那就是你陷入爭吵的原因。只要站在一旁，站在路邊，讓頭腦的車流經過，不要批判。你唯一要做的是，不讓任何東西沒被你的意識發覺就經過。你只需要有意識的看著一切。

有個小故事會有幫助。

在某個下午，當佛陀和阿難朝著某個村子前進時，他說：「我感覺很渴。你往回走。大約兩哩，有一條美麗的清澈小溪；拿著我的缽，把它裝滿水。我會待在某棵樹下休息。」佛陀已經老了。

於是阿難往回走，就在他剛抵達小溪，有幾輛牛車經過小溪，清澈的水消失了。它變成混濁的，底部的枯葉浮到溪面上；水變得無法飲用。

他回去告訴佛陀：「我們錯過機會了。當我到了那兒，有幾輛牛車經過，弄濁了小溪。現在都是泥巴和枯葉；無法盛給你喝，所以我沒有裝。讓我往前走看看，我知道前面有一條更大的河，我到那兒裝水。」

但佛陀堅持。他說：「你再走回去。我不知道那條河，但我有看到那個清澈的溪水。你只要做件事：如果它不是乾淨的，坐在旁邊，直到它變回清澈的。」

阿難沒辦法，只好不情願的返回，他覺得佛陀太固執了——「這行不通，那條小溪不會變回清澈的。」

但當他到了那兒，他說：「我的天，他是對的。」泥巴已經沉澱下來了，枯葉也沉到溪底。溪水比之前看到的狀態還要清澈，雖然還不適合喝，他坐在溪邊，等了一小時後，溪水再次變成清澈的。

他裝了水後返回，把水給了佛陀，他說：「請原諒我，因為我在路上感到憤怒；我覺得你很固執。我很不情願的回去那兒——我因為做了某件不情願的事感到悲傷。現在我知道那不只是水的問題，因為也可以從前面的河流取水。你是在教我一個方法。坐在小溪旁，我學到……」

「因為在等待溪水回到清澈的狀態時，沒別的事可做。這個情況突然進入我的腦中：也許頭腦也處於同樣的情況。你得坐在旁邊，讓頭腦安定下來。它會安定下來，但不是透過對抗。和頭腦對抗等同給它能量；如同讓它保持活力。」

只要坐在旁邊——沒有任何批判或稱讚。不要說任何關於頭腦的話：說它是瘋狂的、說這是醜陋的、說它在打擾我的平靜、說這是我心靈成長唯一會遇到的障礙。不要說任何話；只是看——那就是秘訣、那就是答案、重要的關鍵。無論任何時候，只要情況允許，就靜靜的坐著，看著頭腦⋯很快，某些事情會開始發生。

你會了解你不是頭腦，你是觀看者。頭腦無法看著它自己，當你了解到你和頭腦是分開來的，就幾乎獲得一半的勝利。讓這個頭腦繼續——那是它的舊習慣；也許你一直這樣訓練它，持續了幾百世。所以不用急，不要不耐煩。

享受那個觀看。抱著玩樂心的看著頭腦——不要嚴肅，把它當成螢幕上的戲劇：你腦中充滿的各種蠢事。

這個簡單的觀看過程會讓你回到你在這兒感受到的狀態。泥巴很快就會沉澱下來，枯葉會沉到溪底，然後會有一個清澈的意識。一旦你達到這個狀態，你就得到生命中最珍貴的；從這時起，真正的朝聖之旅開始了。

奧修，和你在一起的這些年，我覺得靜心直接「發生」在我身上。上次離開你後，我覺得這不是我，但你的恩典仍流向了我。我首次了解到我必須讓靜心變成生命的首要事務，否則它將無法發生。現在，再次融化在你的存在中，我所渴望的一切就在這兒。當師父不在時，弟子會發生什麼事？

當弟子沒有和師父在一起，只有兩個可能。第一，他會回到原點，也就是剛遇到師父的時候。第二，他了解到沒有和師父在一起，曾經發生在他存在中的狀態不再發生了，那表示師父的存在還沒變成你存在中固有的一部分。

師父不需要在你外面。

事實上，他一直在你裡面，如果你可以想起來——「師父在我裡面」…而師父沒要求很多，只是個小地方，一個有浴室的小臥室。

一旦你開始感覺師父在你裡面，發生在師父存在中的一切不只會持續下去，還會千倍以上的成長。因為當師父在外面，有一段距離。現在不再有任何距離；距離消失了。你不再是單獨的。

問題只是在於你有多愛、你的奉獻有多深、你的弟子的狀態有多堅定。

奧修，每當你把你的治療師稱為傳訊者，就使我感到尷尬和奇特。那聽起來如此重要——而我覺得自己是如此渺小。你才是我唯一遇過的真正的治療師。

我喜歡郵差的故事，現在的郵差只是某個不知名的人；甚至不會注意到他的存在，人們只會注意收到的信件。

我希望我可以是個郵差，但我還算不上是一個不知名的人。目前是否可以讓我只是你吟唱的電報？

這個傳訊者的想法使你尷尬是因為你忘了訊息才是重要的；傳訊者只是個不知名的人。

事實上，傳訊者必須是個不知名的人；否則訊息將會被扭曲。傳訊者會把自己的想法加入到訊息中，他的頭腦會涉入其中。

這個情況曾在印度發生過，產生了無法想像的巨大影響。薄伽梵歌至少有一千種解釋——這些都是著名的解釋。克理虛納對阿朱那講話時只會有一種意思，不可能有一千種意思；否則那表示他發瘋了——即使他沒發瘋，阿朱那也會發瘋！

但直到現在，他的訊息一直被那些傳訊者用自己的偏見來解讀和操作，以便符合他們自己先入為主的想法。沒人在乎薄伽梵歌真正的意義；每個人在乎的是從裡面找到符合自己理念的部分。現在薄伽梵歌已經失去意義了，由你決定——你可以做各種智力上的練習。薄伽梵歌變成次要的。它的訊息不再是重要的，傳訊者變成重要的。如果發生這種情況，你是該感到尷尬。

但如果訊息仍是重要的，而傳訊者只是個媒介、載具或不知名的人，一根可以變成笛子的中空竹子…但那首歌不是來自於竹子。竹子的美在於它是中空的，它不存在，它讓了路，不去阻礙歌聲的傳達。它不會扭曲歌聲，它會盡可能只是傳達歌聲。

成為傳訊者的真正目的是要讓你成為不知名的人。不要成為某某人物。不要認為自己是少數被選上的人，不要認為你被選上成為傳訊者。那只是個用來摧毀你的自我的方法，讓你變成一根中空的竹子。

一旦你感覺像個不知名的人，你將會驚訝，那個訊息是如此龐大、透徹和權威。那個權威不是你的，那個透徹也不是你的。它們來自那個超越你的。

被我選為傳訊者的桑雅士必須了解：那是個用來使你成為不知名的人的方法。一旦你誰也不是，你就會是一切。它們是同義的。

奧修，剛和你在一起的日子裡，我感受到純粹的快樂、喜悅、愛和感激。現在則是一種使我害怕的寒冷。蹦蹦跳跳和快樂拍手的我已經沒有當初那麼興奮了。我感覺我的心和你的心一起跳動著——同時，我感到是分開來的。要如何讓你更穿透我？要如何讓你變成我的每個呼吸、變成我的細胞的一部分？我要如何更向你敞開以便你可以完全穿透我的存在？以便我可以更感受到你的寧靜？寫到這兒，寒冷已經消失了，只有充滿淚水的雙眼、充滿愛和痛苦的心。

這是所有人必須了解的，那個興奮不是心靈成長的目標。興奮無法是永恆的，它會消逝。每當某件新穎的事件發生了，就會產生興奮，因為它是新穎的，但那個興奮會在沉著和平靜中消逝。平靜可以是永恆的，因為它是休息。

但是平靜使人害怕。它讓人想到了寒冷。平靜不是寒冷。語言在不同的地域發展著，所以要記住。在西方，用溫熱的飲料接待客人似乎是完美的，但在孟買則非如此，用冷飲接待客人是更適合的。

在我們的頭腦中，這些文字的言外之意會抓著不放。興奮似乎等同狂喜；它不是。興奮是一種緊張的狀態；它讓人感覺很好，因為老舊的事物消失了，新穎的事物來到了。一個新的微風、新的經驗——用興奮的心迎接它是適合的。但持續蹦蹦跳跳會讓人以為你發瘋了；只有精神病院才會有這樣的興奮。當客人來到，那是適合的——一個擁抱或蹦跳——但持續的擁抱或蹦跳，客人會被嚇跑：「救命，我走錯地方了！那個人瘋了嗎？」

興奮只是在歡迎，但整件事不是只有歡迎。平靜會來到，平靜是更深入的，它是比任何興奮更珍貴的。

所以必須停止蹦蹦跳跳。靜靜的坐著，沉著的、平靜的。狂喜是涼爽，它不是興奮。如果你接受了涼爽，那麼只有更深入的涼爽才能使你經驗到狂喜。

它會是充滿生命的，但不幼稚的。它會是充滿喜悅的，但帶有深深的滿足。那個喜悅不是反對悲傷的，它會是超越悲傷的。

但剛開始這種事會發生在每個人身上。當你開始靜心，那是很大的興奮。然後逐漸安定下來——這是自然的，本該如此。當它們恢復正常，安定下來，你會擔心，以為自己在失去——那些興奮呢？

有些人在追求興奮。一個妻子不夠；離婚了。幾天後，娶了第二個妻子，那令你興奮，但只有幾天。即使只有幾天，也超過你所需要的。別人的妻子會令你興奮。如果你想要興奮，就去看別人的妻子——但不要折磨你的妻子。和你的妻子一起學習沉著、平靜和安定，那是更深入的、更珍貴的經驗。興奮是幼稚的。

成熟點。讓自己更警覺、更處於中心，你的平靜會變成狂喜。但是要等待；等待是一個人必須付出的代價。

如果人們活在興奮中——從這個電影換成另一部電影、從某個馬戲團換成另一個馬戲團、從這個導師換成另一個導師、從這個宗教換成另一個宗教。會有短暫的興奮…就像抓癢：感覺很好，但不要抓太久，否則你會流血。

但全世界都被訓練去追求興奮，因為興奮是可以銷售的商品；總是會有更多令人興奮的東西被用來吸引你。平靜不是商品。興奮是商品，很廉價的。那些和我在一起的人應該要有意識的拋棄所有廉價的東西。去經驗珍貴的、重要的、永恆的一切。

平靜是好的，遠勝過你的興奮。如果你可以保持平靜，它將會加深，那個深度會帶來狂喜。那是完全不同的層次。

永遠不要把興奮誤認為狂喜。狂喜是完全的平靜、永恆的平靜、極度的平靜。

第二十八章
如果你游泳，你就會錯過

奧修，我們能做什麼來拋棄自我？這個狀態何時才能成為內在的一部分？

自我是個謎。它就像黑暗——你可以看到、可以感覺到，它遮住了你的視線，但它又不存在。它沒有對立方。它只是一個缺乏的狀態，缺乏光的狀態。

自我不存在——你要怎麼拋棄它？

自我只是缺乏覺知的狀態。

當房間充滿了黑暗；而你想要讓黑暗離開房間。你可以做任何事——推它、打它——但你不會成功。奇怪，你被某個不存在的東西打敗了。精疲力盡的，你的頭腦說黑暗是如此強大以致於你無法趕走它，無法驅逐它。但那個結論是錯的；是德式的，但它不是對的。

只需要拿一根小蠟燭。你不用趕走它。你不用和它對抗——那是愚蠢的行為。只要拿一根小蠟燭，黑暗就不見了。不是它離開了——它無法離開，因為它一開始就不存在。它從未進來或離開過。

光會來到和離去；它是存在的。你可以點燃蠟燭，黑暗就消失了；你可以吹熄蠟燭，黑暗就出現了。如果要控制黑暗，你得用光來進行——奇怪的，不合邏輯的，但你能怎麼辦？這是它的特性。

你無法拋棄自我，因為它不存在。

你只能帶入一點覺知、一點意識、一點光。不要理會自我；完全專注在把警覺帶進你的存在中。當你的意識變成一道火焰，集中的，你就無法再找到自我。當你是不覺知的、你無法拋棄自我，當你是覺知的，你也無法拋棄自我。無知的人無法拋棄。而智者則壓根沒想到它，因為它不存在。

自我是個妄想——它只是看起來存在。當你的心靈是熟睡的，它會是非常強大的；所以自然會造成你的麻煩。你的所有痛苦、緊張和憂慮都是它創造的。你的自我使你的生命變成地獄。所以你自然會想拋棄它。此外，世界各地的宗教人士和導師都在告訴你如何拋棄它。

任何要你拋棄自我的人都是笨蛋。他對自我的特性一無所知，但他說的一切對你而言會很合理；他會是很有說服力的。他會是很吸引你的，因為他說出你的想法。他是你的代言人——這就是你的頭腦說的一切。他的口才比你好，提出各種論點和證據，引用經典的內容，他們都說：「除非你拋棄自我，否則你無法達成。」自然不會有人質疑他們。

但我要對你說，事實是反過來：不是你拋棄自我就會達成，不。是先達成，然後你才發現找不到自我了。

它被拋棄了。

奧修，當了你八年的弟子，我感到潮水把我帶向彼岸。我不會游泳，而你在岸邊看著我。我現在是否該學習游泳了？

我的天！就是現在：即使你知道如何游泳，忘掉它！潮水已經把你帶向彼岸；你還要游去哪兒？你要在沙灘上游泳嗎？

你很幸運，潮水把你帶向彼岸。現在不要這麼蠢。如果你開始游泳，你會和自己對抗，抵消潮水做的一切。

有些事會自行發生，不能用外力影響。

作為是一般事情的方式，俗世的方式。你可以做某件事來賺錢，可以做某件事獲得權力，可以做某件事獲得聲望；但你無法做任何事去得到愛、感激或寧靜。這是很重要的，必須了解，作為代表了這個世界，無為代表了這個世界之外的——事情自行發生，潮水會帶著你到達彼岸。

如果你游泳，你會錯過。

如果你做了任何事，將會抵消它；因為所有作為都是俗世的。很少人知道無為的秘密並讓事情自行發生。

如果你想要偉大的事物——人類無法控制的——那你得學習無為的方式。我把它稱為靜心。麻煩在於，一旦你為它命名，人們就會問要怎麼做。你不能說他們是錯的，因為「靜心」這個字創造了作為的概念。他們已經拿到了博士學位，完成了一千零一件事；當他們聽到「靜心」，他們會問：「告訴我們怎麼做。」

靜心的意思是無為的開始，放鬆的，隨著潮水——只是風中的一片枯葉，隨著風移動。永遠不要問一朵雲：「你要去哪兒？」它不知道；它沒有地址或目標。如果風改變方向……本來要去南方，現在改成北方。雲朵不會對風說：「這是不合理的。我們本來往南方移動，現在要往北方移動了——那這一切的意義在哪兒？」不，它只是往北移動，如同往南移動一樣。對它而言，東南西北不會有任何差別。只是隨著風移動……沒有欲望或目標，沒有要去哪兒——它只是享受旅程。

靜心使你變成一朵雲——意識之雲。然後就不再有目標。永遠不要問靜心者：「你為什麼靜心？」因為那個問題是沒意義的。靜心本身就是目標和方法。

老子，無為的歷史上其中一個最重要的代表……如果歷史被正確的寫下，將會有兩種歷史：有為者的歷史——成吉斯汗、帖木兒、納迪爾沙、拿破崙、恐怖伊凡、亞歷山大大帝、史達林、希特勒、墨索里尼；這些人屬於作為的世界。應該要有另一種歷史，更高層次的歷史，真正的歷史——人類的意識史、人類的進化史：老子、莊子、列子、佛陀、馬哈維亞、菩提達摩的歷史；完全不同的歷史。

老子坐在樹下時成道。有片葉子落下——那是秋天，不急不徐的；葉子隨著風搖擺，緩慢的。他看著葉子。葉子掉到地上，不再移動，當他看著葉子從落下到靜止不動，某個東西也靜下來了。從那時起，他就變成了無為者。風自行吹拂著，存在照料著一切。

孔子，偉大的思想家、道德家和立法者，和老子是同一個時代的人。孔子屬於另一個歷史，有為者的歷史。孔子對中國有很大的影響——甚至影響到現在。

莊子和列子是老子的弟子。這三個人達到了最高峰，但似乎沒人敬佩他們。人們只有當你做了某件偉大的事才會敬佩你。誰會敬佩某個達到無為狀態的人？

但孔子聽過老子的名字，並對他感興趣——「什麼樣的人會說真正的事情只能透過無為達到？沒有任何事可以透過無為達成；你必須做，必須成為偉大的做者。」聽到老子就在附近的山上，孔子便和他的弟子去拜訪他。他有很多弟子——皇帝和太子。他是個偉大的老師。但他讓所有人在外面等待。他說：「讓我進去見他，因為我聽說他是一個危險的人，不知道他會對我做什麼。你們待在外面。如果我叫你們進來，你們就能進來；如果沒有叫你們，等我出來後再告訴你們發生了什麼事。」

他這樣做是明智的，因為當他出來後，全身大汗。人們問：「怎麼回事？——天氣這麼冷，山風又涼，但你卻在流汗。」

他說：「你們應該慶幸我還活著。那個人不是人，他是龍，非常危險，避開他！」

我們不知道老子在裡面做了什麼，但我們知道孔子說了什麼。

孔子說：「當我進去後，他甚至沒看我一眼。我四處打量，但他沒理我。但只是這樣也使我開始發抖——在黑暗的山洞中，那個人非常安靜的坐著，彷彿不存在。最後，我只好打破沉默：我是孔子。」

「那個危險的老傢伙說：『所以呢？』無法和他談話——要如何和他對談？我說：我為了和你談話而來訪。」

「他說：好，你可以說話。我從沒阻止任何人說話。說吧，但沒人會回答你。」

孔子鼓起了勇氣說：「你無法回答嗎？」他笑了：「我以前還存在，但已經不存在很長一段時間了。這個地方是空的。沒有主人，但如果你想要，你可以當個客人。」

了解到沒有辦法可以和這個人有任何良好的、紳士的對話，孔子說：「我從很遠的地方過來」——以為他會有點慈悲。

老子說：「那表示你的愚蠢。你對我一無所知；否則你不會來。現在你想要我同情你。一個不存在的人如何是慈悲的？」

孔子說：「至少給我一些忠告——如何放鬆、如何休息？」

老子說：「你得等待。死亡會來到，你會在墳墓中放鬆和休息，在這之前是不可能的。如果想要在那之前休息，你就得忘掉在外面等待的人，待在這兒，我出去——只要一聲獅子吼，他們會逃走，沒人會再回來。你就能放鬆和休息。」

孔子說：「不，不要這麼做。他們是我的弟子。有些人是皇帝，有些人是太子，有些人是重要的、富有的人。我做不到。」

老子說：「所以我才說放鬆是你負擔不起的；只有死亡可以幫助你。那些了解的人可以在生活中放鬆和休息。神奇的是，對他們而言，死亡不存在，因為他們已經做到死亡會做的一切。蠢人無法休息和放鬆。大自然有它的方式：死亡。這樣他們就可以在墳墓裡放鬆。」

「不用擔心。你會有很棒的大理石墓碑，上面刻著金色的字：「偉大的孔子，皇帝和太子的老師，在此長眠。」如果你想和我在一起，就得了解：我對你而言會是死亡。除非我殺了你、摧毀你——否則無法挽救你。」

孔子說：「我會再來。」

老子笑了：「不要說謊。你不會再來了。你這次會來是因為不知道會遇到什麼樣的人。但我很享受。現在出去告訴那些人，說任何你想說的謊。」我們不知道在那個洞裡面發生了什麼。這些話都來自孔子。一定還有發生更多事，而那需要膽量才能說出來。

老子的所有教導正是流水的方式：跟著流水，無論它去哪兒，不要游泳。

你是被祝福的，讓潮水帶著你到彼岸。

但頭腦總是想做點事，因為這樣就能歸功於自我。但功勞是潮水的，不是你。如果你透過游泳到達彼岸，那時的你會帶著巨大的自我：「我游過英吉利海峽了。」

要謙虛。問題不在於學習游泳；而是你為什麼提了這個問題。你的自我感到不滿足，你無法歸功於自己；功勞都是潮水的。但為什麼不願歸功於潮水？為什麼不歸功於存在？

存在給了你生命和愛；給了你所有珍貴的，給了你無法用金錢買到的。只有那些準備把生命的一切歸功於存在的人才會了解到美和至福；只有那些人是宗教人士。

問題不在於你的作為。而是你的不在、無為、讓事情自行發生。放下——這兩個字包含了所有的宗教經驗。

你有看過人溺水嗎？當他們還活著，一邊浮出水面一邊大喊：「救命！」然後沉到水裡——浮起來、沉下去——最後不再浮上來。

但兩到三天後，他們浮上來了——然後就不會再沉下去了——已經死了。

我出生的村子旁邊有一條美麗的河流，我看過一些人溺水——那是條大河；在雨季，它會有好幾哩寬，河水非常洶湧，要渡過它就得冒生命危險——但當他們死了，他們出現了，開始飄浮著。

我在童年學到一件事：有些事只有死人知道，活人無法知道。因為活人會大喊救命，然後沉下去；死人只是浮著——不會大喊，他們很輕鬆的浮著，不會再溺水。他們一定知道某個祕密。我曾問父親：「死人知道的祕密是什麼？」

他說：「你不但自己瘋了，也要逼瘋我。我怎麼知道？他們已經死了，什麼都不知道。」

我說：「我不相信，因為我看到他們這麼美麗的浮著——一定有個祕密是活人不知道的。」等到我開始游泳，才知道了那個祕密。

剛開始學游泳似乎會覺得很難，幾乎不可能。你會溺水很多次——水進了鼻子和嘴巴——但在三到四天後，你是熟練的，彷彿已經花了好幾世的時間在游泳。三到四周後，你會像死人一樣的浮著，不需要游泳，不需要用到手。你可以躺著，放鬆的，河流不再試著要讓你溺水。

我對父親說：「我知道秘密了。那沒什麼，很簡單：因為死人不會試著游泳，他們是放鬆的。不會擔心溺水，他們已經死了——還能做什麼？他們處於無為的狀態。而活人則努力試著要挽救自己。不是河水要淹死他們，是他們挽救自己的努力淹死了自己。因為現在我知道如何像浮在水上的死人，我可以在水面上待好幾個小時，河水不會想淹死我。但那是無為，我什麼都沒做。」

在生活中，你試著做每件事。拜託，把一些事留給無為，因為那才是唯一重要的。

有的人試著去愛，因為母親從一開始就對小孩說：「你必須愛我，因為我是你的母親。」她在讓愛變成邏輯的三段論——「因為我是你的母親。」她不允許愛自行發生，必須強迫它發生。

父親說：「愛我，我是你的父親。」小孩是無助的，他能做的就是假裝。他還能做什麼？他可以微笑和親吻，他知道這些都是假裝的——他不是由衷的，都是假的。不是發自內心的。但因為你們是他的父親、母親、這個和那個……他們在摧毀生命中其中一個最寶貴的經驗。

妻子對丈夫說：「你必須愛我，我是你的妻子。」奇怪。丈夫說：「妳必須愛我。我是妳的丈夫，這是我的權利。」

愛不能被要求。如果它發生了，要感激；如果它沒發生，就等待。即使在等待中也不該有任何抱怨，因為你沒有任何權利。愛不是任何人的權利，沒有任何憲法可以賦予愛的權利。但他們毀了一切——妻子微笑著、丈夫擁抱著⋯

美國其中一個最有名的作家，戴爾卡內基，在他的書中說每個丈夫每天都得對妻子說三次：「親愛的，我愛妳。」你瘋了嗎？但他是認真的，也確實有用；很多人都在跟隨他：「當你回家，記得帶冰淇淋、鮮花、表示你的愛。」——不時的表達出來，這樣就不會有人忘記。如果你有幾天沒對妻子說「我愛妳」，她會計算已經幾天了，她會懷疑你可能變成對別人說，因為她的額度變少了。愛變成數量上的。如果他沒有再拿冰淇淋回家，那冰淇淋一定在別人家，這是不允許的。

我們創造了一個只相信作為的社會，而我們心靈的部分仍是飢餓的——因為它不需要任何作為，而是自行發生的。不是你想辦法說：「我愛妳」，而是你突然發現自己說出來。你對自己說的一切感到驚訝。你沒有先在腦中演練後才說出來；它是自發性的。

事實上。真正的愛仍是未說出口的。當你真的感到愛，那個感受創造了某個包圍著你的光芒，訴說了一切你無法說出口的，那是永遠無法說出口的。

我從童年起就在為每件事對抗。我對父親說：「我不會因為你是我的父親就尊敬你，除非你是值得尊敬的。這和你是否是我的父親無關；除非你是值得我愛的，除非你是有愛心的，我才會愛你；記住，不是因為你是我的父親，而是因為你是一個值得被愛的人。」

我必須和老師或教授對抗：「除非你是值得尊敬的，我才會尊敬你。如果你是不值得尊敬的，那就不要要求我尊敬你——因為那是虛偽。你在教我成為虛偽的人。而我不希望我的老師教我如何成為虛偽的人。」

每年在學校都會舉辦模擬國會，只是為了要訓練研究所的學生，因為他們有些人可能會進入國會，而副校長曾擔任過總理。我是模擬國會的成員，負責接待他，按規定必須稱呼他「令人尊敬的總理。」

於是我說：「令人尊敬的總理——雖然不是值得尊敬的，我只是走個形式，反正這是個模擬國會……」

他很生氣。後來把我叫去：「你說我不是值得尊敬的？」

我說：「就是字面上的意思。我找不到你有任何值得尊敬的地方——而且你還沒跟妻子離婚。」

他說：「這跟尊敬有什麼關係？」

我說：「有關，因為你不愛她，你愛的是另一個女人。說實話，你應該和妻子離婚，娶了另一個女人。但為了挽救自己的虛偽和面子，你繼續假裝——但全校都知道，你也知道每個人都知道。所以有什麼面子可言？你的妻子恨你，你恨你的妻子；你們好幾年沒講話了。何必浪費時間？我對她的敬意勝過你，因為她雖然恨你，但沒對任何人說過你的壞話；而你則說了各種不利她的謊言，只是為了保全自己的不忠誠。你還想要我提別的事嗎？」

他說：「不用了，夠了。但沒必要——你可以來找我，當面告訴我。」

我說：「那是個適當的時機，只是個模擬國會。即使在真的國會，我也會做一樣的事。除非我真的對某人有敬意，否則這只是形式上的。你不值得我尊敬；我的敬意是給予那個職位，不是人——無論誰坐上去，我都會稱呼他：令人尊敬的……」

我們沒有任何叛逆心的活著——最後的結果會是，我們漸漸變成虛偽的。我們已經忘記什麼是虛偽。

對於虛偽的人而言，無為的世界中的一切是不可能發生的。他會做得越來越多；他會變得像個機器人。他的一生是由作為構成的。從早到晚都在努力，因為他擁有的一切都是作為的成果。

但如果你突然經驗到什麼是自行發生，把它當成存在的禮物——把那個片刻當成新生活觀的開始。忘掉游泳。讓潮水帶著你——到任何岸邊。不用擔心，你會在任何岸邊發現我在看著你。你隨著潮水而來，然後發現我在此岸，這只是巧合。如果你跟隨潮水，無論你在哪兒，你都會發現我。

但要跟隨潮水。

如果你透過游泳來到，你不會在任何岸邊看到我。

我的方法是屬於無為的。

在一天當中，只要有幾個片刻，不做任何事，讓存在對你做點事。窗口會向你打開——

它將會連結你和宇宙，連結永恆。

奧修，就我目前看到的，你的桑雅士人數正快速的成長著；他們都為了能和你在一起而深深的感激你，同時又沒有任何想要親近你的依戀或渴望。為什麼？

任何人都會有這樣的問題——如果桑雅士透過愛、覺知和我的愛而成長，那他們自然會想要更親近我，產生跟隨我的依戀。

但如果沒有任何想要親近我的依戀或渴望，我能了解——你感到困惑；發生了什麼事？怎麼會這樣？

它是很難察覺的。只有當你不夠親近，你才會想要依戀某人。所有的依戀都顯示對於失去的恐懼，所以我們會執著；依戀就是執著。只有當你感覺因為不夠親近而錯過某個東西時，你才會想要親近。

如果因為不夠親近而得到更多，如果你因為不依戀而能夠以無法想像的速度成長，你就不會想要親近或依戀。你會想要更獨立，更單獨——沒有依戀，沒有想要親近的慾望。除非你透過完全的愛和尊敬而接受你的個體性，否則你永遠達不到最終的成長。

世界各地都有老師強迫你依戀他們，想要你處於束縛中，一種合約。

有個荷蘭的桑雅士在某一天寫信給我：「有個人在這兒；很多桑雅士去聽他講話。他的聽眾幾乎有百分之八十是桑雅士。這沒問題嗎？我可以去聽他講話嗎？」

我說：「完全沒問題。我的桑雅士可以去聽任何人講話。可以去飲用任何井的水。那不會使他遠離我；事實上，那會使他更是個個體——那就是我的教導，他應該是個個體，獨立的，不是奴隸。」否則到處都會是以心靈的名義進行的各種奴役。

有個人來找我：「我曾經有兩年的時間一直想來見你，但我見過的一個商羯羅不准我這麼做：「如果你去見他，我就去死。」我很害怕——如果他死了，那我得負所有責任，所以我只能等。現在他去世了。」那個商羯羅昨天死了，他隔天就來找我：「現在我是自由的；否則我很害怕，想到如果我來找你——他年紀很大，如果他死了……」這種奴役……但你能幫這些人成為真實的個體嗎？因為如果你如此害怕，你也會畏懼你被教導的一切，你也會畏懼你的存在和你的經驗。

不，我的桑雅士是完全自由的，可以去任何地方——任何清真寺、謁師所、寺廟，或去找任何老師——因為他們不用承諾要和我在一起。那是完全從自由中誕生的友誼。

奧修，戴著放著你的照片的項鍊和穿著橘色的衣服，這曾是我對世界上周遭的每個人的表達方式：我是叛逆的。現在我這樣做則是出於我的感激、最深的愛和信任。發生了什麼事？

這兩件事是同一個現象的兩面。

剛開始，我會堅持你要穿橘色的衣服和戴項鍊，那是有原因的。那是對世界宣稱你的叛逆，你不屬於老舊的、死氣沉沉的傳統；你找到了新的生活方式，一個新的存在方式。你不只是深信如此；你完全的奉獻，無論結果如何。

獨自對抗全世界會讓你更有勇氣和智慧。幫助你卸下所有過去的知識、傳統和叛逆。那個階段過去了。現在不需要了。第二個階段已經開始了。

我不會堅持你要穿橘色的衣服或戴項鍊。

我們已經讓全世界知道這個運動、它的體系和方法。不需要一直和死掉的事物對抗。

現在，如果你選擇穿橘色的衣服和戴項鍊，那不是我堅持的，那是你的堅持——它的意義和重要性已經改變了。現在你這麼做是因為感激、愛和感謝所有已經發生在你身上的一切和持續發生在你身上的一切。

現在這不是對世界的宣稱，而是給我的暗示。

現在不再是和世界對抗，而是一個和我在一起的愛情事件。

剛開始是我的堅持，現在則是你的堅持。

奧修，雖然充斥著很多思想，但我沒有任何問題。你是否可以回答那個我無法提問的？

頭腦是充滿思想的；你不可能沒有任何問題。

當你提問題，要誠懇。如果頭腦充滿了思想，就一定會有很多問題。也許問題太多了，你不知道哪個才是真正的問題——但不要說你沒問題。這是第一個可能。

所以再深入查看，找到它。在你這麼多的思想中，你會找到數十個問題，不要因為羞赧而不問。

另一個可能是，也許你沒有任何問題。但你的頭腦就不可能會有任何思想。

如果你沒有任何問題，那我就是答案。

你可以選擇；如果你真的沒問題，那我就是答案。明天你再想想。你得選邊站：接受你有很多思想——那你得接受你有問題想提出；或者你得接受你沒有問題——但那就表示你沒有任何思想。一個沒有思想的人，對他而言，我就是答案。

不再需要任何話語。

那時我會去找他，不透過任何話語。

那時只要打開你的門，讓我進入。

第二十九章
神祕主義，被遺忘的語言

奧修，你怎麼找到我的？

存在一直是個奧祕。

人們陷入愛；他們無法說出原因，不知道怎麼找到彼此的。當他們戀愛，會有一個感覺，他們是為對方而生的——但在這麼巨大的世界，他們如何找到對方的？

某個人天生是個詩人，某個人天生是個畫家。他們無法解釋如何成為詩人或畫家，他們如何讓如此詩意的洞察力發生在自己身上。它就只是發生了；沒有「如何」發生的。

但我們的頭腦是部機器，不是個奧秘。頭腦總想要知道如何做到的，想要知道為什麼。因為這個對於「如何」和「為什麼」的持續探詢，它錯過了所有超過機器的界線外的一切。

生命是機器的界線之外的。

你為什麼活著？你有任何答案嗎？你為什麼會出生？你怎麼讓自己出生的？你必須單純只是接受所有活生生的奧秘——有意識的或者無意識的。

無意識的，你已經接受很多事情：你的出生、你的生命、你的愛、你的死亡、玫瑰花、星辰、海洋、河流、太陽和月亮——但你一直無意識的接受它們。如果你有意識的接受它們，你會成為一個神秘家。那這個問題就不會顯示你的無知，而是你不知道。那不是無知，而是存在的不可知性。

我不知道如何找到你的。

不需要知道……遇見你就夠了。

只要記住，不要迷失了。

奧修，新神秘學校的目的和工作是什麼？

神祕主義是其中一個被遺忘的語言。它必須復甦，因為遺忘了神祕家的語言，生命就失去了所有的色彩、喜悅和樂聲。

圖格涅夫有一個美麗的故事：在一個村子，有個人去見一個聖人：「請幫助我。全村和鄰村的人都認為我是個笨蛋。無論我說了什麼，無論有多麼合理，他們都把我當成笑柄。這已經變成我的夢魘。如果我保持沉默，他們就譴責我的沉默：「他能做什麼？他是個笨蛋，什麼都說不出來。」如果我說了任何話，每個人都會笑。我的生命已經變得非常痛苦，我想要自殺。我聽說有個偉大的聖人經過，我想也許你可以幫助我。」

聖人說：「這很簡單。只要做一件事：明早開始，無論任何人說了什麼，立刻批評。如果某人說：「看，多麼美的日出。」你就說：有什麼美？證據在哪兒？你說的美是什麼意思？定義它。你憑什麼說它是美的？它並不美。」

「如果某人說：「看，有個美女經過」——譴責他。只要記住一件事：不要說自己的意見。只要批評，特別是那些無法證明的——美、愛、真理、神——每個人都在談論但卻無法證明的，甚至無法定義的。我會在一個月後回來。那時候來找我。」

一個月後，那個人變成完全不同的人。他經歷了轉變。不再是悲傷的。看起來神采飛揚的，充滿權威的——彷彿他突然生了根，不動如山的。

聖人笑了，他說：「有效嗎？」

他說：「有很大的效果。現在他們都認為我是最聰明的人，只是一個月的時間。他們還向我道歉，以為我是個笨蛋；他們感到很抱歉。而我什麼都沒做，只是遵從你的建議，沒放過任何機會：任何事，我會提出質疑，他們無法回答，而且感到尷尬。無論我去哪兒，人們會突然安靜下來，他們不會講話，因為說任何話都會很危險。但他們開始膜拜我，觸碰我的腳；我變成了聖人。你施展了一個奇蹟。」

聖人說：「我沒有施展奇蹟。這是個單純的現象：生命中任何重要的，都是無法解釋的，無法定義的。任何可以定義的，都是沒價值的。」

這個時代其中一個最偉大的思想家，摩爾，寫了一本書，倫理學原理，整本書只是為了探討一個問題：善是什麼？——這是最基本的問題。你談論道德觀、品格、善惡、美德、罪——基本上，它們都需要明確的定義什麼是善。兩百五十頁艱深的、邏輯的推論，從每個角度來探討這個問題，他的結論是，善是無法定義的。兩百五十頁——本世紀其中一個最偉大的頭腦——發現善是無法定義的。你可以感覺它、成為它、活過它、經驗它，但你無法解釋它。就定義而言，它是不能定義的。

偉大的哲學家們寫下了無數定義美的書。這個努力就跟人類一樣古老，因為即使第一個人類也感受過美。不可能沒感覺過玫瑰花的美、蓮花的美、星夜的美、滿月的美、寂靜眼神的美或佛陀面龐的美。不可能沒察覺到美。但數千年來，無數美學家、哲學家、詩人和畫家的努力——都失敗了，無法定義每個人都經驗過的單純現象。那不是某些人才有的經驗；每個人在某些情況下都會經驗到⋯如此浩瀚又常見的經驗。

但問題來了——它是什麼？當你試著要精準的確認它，它就突然消失了。你知道它，但你無法說出來。

泰戈爾遇到一個美麗的事件⋯

他常坐船沿著河流深入寂靜的叢林。某個滿月的夜晚，他正在看一本某個偉大的哲學家評論美的書⋯剛開始他帶著很大的熱忱，彷彿將能定義它。但越往後看，那個熱忱就越來越少，你可以感受到他的尷尬，進行了一個本質上無法完成的工作。當他把書闔上，做出美是無法定義的結論⋯他在燭光下看書，因為那個燭光，使他無法注意到穿過窗戶的月光。當他吹熄蠟燭，準備上床睡覺，他突然發現到處都是跳著舞的月光。

他說：「我的天，我是個笨蛋。美就在門口外，幾乎像在敲門！這根小蠟燭使我是瞎眼的，我是如此專注的看書——那些只是空洞的文字，只是引人走到無法定義的沙漠。」

他打開所有窗戶和門，走出船艙。他有過很多美麗的夜晚，看過很多美麗的滿月，但他從未見過如此的美和寧靜。河面上的月亮是銀白色的。他不發一語，整個人呆住了。」

在很多語言中，moonstruck 的意思是瘋子。確實，如果你對月亮敞開你的心，那是令人發狂的；那是如此美麗以致於你的頭腦會停止嘮叨——你落入了我們稱為靜心的寂靜中。

那晚，他在日記中寫下：「美可以被看到，可以被感受，可以被經驗；它會使你發瘋，但你無法定義它。從今天起，我決定不再看任何試圖要定義美的書，因為沒有任何書可以做到。」

神祕主義只是把所有無法定義的面向帶入到你的生命中，使你可以鼓起勇氣接受它們，清楚的知道定義是不可能的，理性是沒有作用的。

只是因為笨蛋一直在提問題——如何？……為什麼？——漸漸的，全人類都拋棄了那些無法解釋的問題。生命變得非常平凡和世俗；失去了所有的神聖和神性。它失去了它的神。

對我而言，神不是一個人。神只是一個象徵，象徵所有無法定義的——可以經驗的，但無法推論的；對心敞開的，不是對頭腦敞開的。

創造神秘學校是為了把那些無法定義的一切帶回給人類。這不是普通的學校。它不會教導任何可以用理智應付的主題。它會幫你對那些無法教導的一切敞開自己。將不會有任何者師，只會有協助你敞開的人和師父。不會固定在某個地方，世界各地都會有這樣的學校——我把它稱為神祕學校。所有神秘學校合起來就是神祕主義大學。

就真正的精神而言，它會是國際性的。大學必須是國際性的。

它的功能會是完全不同的：不會教你化學、物理、科學、商學和藝術——那已經有無數學校在做了，都是沒有價值的。我可以這麼說，因為我在大學念過書，當過大學教授；根據我自己的經驗，我可以說它們都在應付俗世的事物。它們創造了工程師、醫生和技師。這些人都是需要的。但它們沒有創造出詩人；它們謀殺了詩人。它們沒有創造出神秘家，反而摧毀了神秘家的成長所需要的根源。

神祕主義大學只在乎超理性的、超越頭腦的一切。有這麼多東西是超越頭腦的，如果不讓你取得它們，你的情況會如同第二次世界大戰所發生的⋯⋯

當日本戰敗後，有架小飛機被留在緬甸的叢林中；日本人離開了。它被當地的土著發現了。他們感到好奇和興奮——它是什麼？看到輪子⋯⋯他們認為它是一種牛車，被一些笨蛋製造的，因為牛車不該長這樣。土著開始把它當牛車用。偶然的，某個獵人看到他們；他無法相信——它被當牛車用！

他問：「這是你們製造的嗎？」

土著說：「不，我們沒這麼蠢，我們怎麼會做出這種東西？我們在某處發現了它，享用它。」

獵人來自於附近的村莊，他看過公車和汽車。他說：「這似乎是某種汽車。它不是牛車。你們等等：我會帶某個了解公車的朋友來。他在客運公司上班過。」然後他們加了些汽油，發現它可以像公車一樣運作。

人們覺得好笑。他們說：「我們搞錯了，這不是牛車；而是公車。很棒的發明！」他們很高興的使用它。

然後有個技工看到它，他說：「我不知道它是什麼，但它不是公車。我的村子很小。公車經過村子，我修理過。但我認識一個住在城市裡的人——我會找到他並帶他過來——沒人知道它是什麼。」

那個從城市來的人說：「你們在搞什麼？把飛機當成公車用，拖著它走爛泥路。它是用來飛翔的。」

土著說：「它會飛？它是鳥嗎？」

他說：「沒錯——你沒看過空中飛的鐵鳥嗎？」

他們說：「是有看過，但沒在地上看過它。」

那人帶了幾個土著進了飛機，然後它運作了起來——開始起飛。全村的人都雀躍不已，敲著鼓，唱著歌：「太厲害了！飛翔的牛車！」

人不只是肉體的、物質的現象。他不只是一輛牛車，但我們正是這樣使用。我們都把自己當牛車來用。我們可以是公車——但我們也不是公車。

我們是飛機。我可以幫你飛翔。

人有很多層次。一層又一層。

神祕主義的意思只是：

你沒有完全使用你的潛力；你只用到它的一部分，很小的部分，碎片。如果你沒有完全使用你的潛力，你永遠都不會感到滿足。那就是痛苦和煩惱的原因。

你生來是要當個神祕家。除非你是個神祕家，除非你知道存在是個奧祕——超越文字、理智、邏輯和頭腦——你沒有接受生命的挑戰，你一直是個懦夫。你有翅膀，但你忘了它。

神祕主義大學是用來讓人想起他擁有的翅膀。他可以飛翔，整個天空都是他的。

奧修，八年前，你讓我走上愛自己的旅程。它發生了：我的心空間在成長。但自從我向外尋找答案，尋找另一半時，某個東西被錯過了。請評論。

愛有三個階段。

第一，你得先學習愛自己，除非你是愛自己的，你才能愛別人。你必須非常愛自己以致於那個愛開始溢出。也許那就是你的狀態；你需要別人。那是愛的第二個階段。

愛別人是困難的。愛自己是簡單的。因為別人不會符合你的需要，不會滿足你的期望；

對方可能會想要掌控一切或滿足自我，諸如此類。而你的愛必須讓你不會被對方支配，不被對方摧毀；否則，對方會摧毀這一切。

沙特說別人是地獄，這句話並非完全錯誤。獨處的你可以是寧靜的、平和的。但和別人在一起，一切都變得很困難，一切都變成了衝突。對方的存在變成了對你的需求。你必須非常有同情心和包容，才不會陷入親密的敵意中；否則別人會變成你的地獄。

世界上所有的宗教都在教導禁慾，這不是巧合——只是為了避開另一半。宗教要人們離開丈夫、妻子和小孩。離開對方；走進山裡、走進修道院，變成單獨的。他們反對生命的態度其實是反對有另一半的態度。他們燒掉了手指——但他們做的一切都是出於反應，不是了解。

你得非常有愛心以致於你的愛可以轉變對方，可以讓你說對方不是地獄。你必須非常寬容和善於表達。這是生命中其中一個最偉大的實驗。沒有比這更大的實驗了。你必須非常愛以致於慢慢的、慢慢的，它改變了對方，讓對方放棄想要支配和操控一切的努力。這都取決於你的愛。

無論哪種情況，你得記住，你必須行動。這是你的實驗，你得感激對方參與你的實驗。如果你想要實驗成功，那你得持續去愛，不考慮對方如何對待，不要在意小事。

只有當你的愛達到了某個程度，以致於對方轉變了，愛的第三個階段才會來到。然後就不是兩個人相愛的問題；愛吞沒了你們，從某個更深的層面來看，你們變成了一個整體。

在印度，我們有阿拉哈娜伊西瓦的雕像，半男半女。那是愛的第三個階段：當男人和女人不再是兩個人，他們分別變成整體的一半。這個愛的第三個階段就是自行發生的靜心。一個達到這個階段的人不需要再為靜心做任何事；這會是他的神秘主義。這就是譚崔的整個方法，達到愛的第三個階段；然後就不再需要其他宗教或方法了。愛變成了你的神，你最終的經驗。

但第二個階段是很困難的；否則數千年來，人們就不用逃到修道院。那個恐懼是什麼？他們為什麼想躲在修道院？

在歐洲的阿索斯山，有一個修道院已經存在了一千年。直到現在，裡面都還有三千個修士。男人只能進入，出來是不可能的。除非他死了。這一千年來，不能有任何女人進入，甚至六個月大的嬰兒。那些人一定很害怕，活在很大的恐懼中。在修道院的高牆後，他們已經進了墳墓。只有墓地在修道院外面，如果有人死了，就會被抬出來。

在這些修道院中，他們不斷進行各種苦行，忍受各種強加在自己身上的一切。愛的第二個階段一定是更痛苦的折磨；否則這些人為什麼要選擇這條路？而且他們都是聰明的人，比一般人還要聰明。

我聽說在特拉普修道院，講話是不允許的。每個修士會有一次機會，如果他有些話想對院長說，每七年有一次機會。

曾經有個修士，離開了妻子，進了修道院。七年後，那七年是個折磨——因為房間太小了，玻璃窗都破了，下雨的時候，雨水會濺進來。他日日夜夜忍受著寒冷；他無法要求更多衣服或毯子，因為說話是不允許的。必須等七年。

七年到了，他衝去找院長：「房間的窗戶破了，雨水不斷濺進來。我本來以為熬不了七年；不知為何，因為神的恩典，我活下來了。請修好窗戶。」

院長很生氣。他說：「窗戶會修好。但一個修士不該抱怨。那不是修士該有的態度。」

可憐的傢伙回到他的房間。他們修好了窗戶，但七年來，雨水不斷濺進來，他的床墊已經變得一團糟。現在他想起來了，但太遲了——他得再用這個床墊睡七年。他立誓過要接受修士必須做到的苦行。所以繼續留下來——雖然他不是沉默的，他充滿了憤怒，想要殺了院長——「想點辦法！」但那不適當⋯⋯

七年過去了，修士衝去找院長⋯院長說：「我知道，一定又是抱怨。」

他說：「能怎麼辦？床墊爛掉了。七年來，雨水一直濺到床墊⋯你來看看。」

他說：「不需要。你回去吧，床墊會換新的。」

舊床墊被搬走了，新床墊送來了。但它太大了，把玻璃窗弄破了；他說：「我的天，還要七年⋯這一生都浪費了。」雨水又開始濺進來⋯

七年後，當他去找院長，院長說：「不要再抱怨——離開這兒。這二十一年來，我聽到的都是抱怨——這不是修士的態度。」

他說：「至少聽聽我的說詞。」

院長說：「你離開吧。你不適合當修士，回去找你的妻子。」

他說：「我的天，回去找我的妻子……二十一年了，她一定會殺了我！我最好還是回房間；二十一年來，我已經習慣了。但回去找妻子……」

第二個階段是困難的，因此所有的宗教都選擇逃避生命。但這不是解決的辦法，而是懦弱。

生命必須透過了解改變。如果你愛，愛有它自有的煉金術。如果愛無法改變別人，那只表示你不知道愛是什麼；你一定把某個東西當成愛了，因為愛是絕對可以改變人的。事實上，它是唯一改變人的方法。

沙特說：「別人是地獄。」那是基督教教義透過他說出來的，不是他說的。他是無意識的；他不知道他說的話代表了基督教兩千年來對他人的譴責。所以當你遇到別人，你沒有愛——你自然無法改變對方，而對方也無法改變你。

沒有任何地方在教導愛。沒有任何地方在鼓勵愛。那是神祕學校的其中一個功能：使你的愛是純粹的，沒有自我、權力和支配——只是一個喜悅的禮物，因為身為另一半而感到快樂，分享所有你擁有的，毫無保留。

愛是最強大的魔法。

不要害怕另一半；讓對方進入你的生命。我不教導逃避主義。我教你進入世界，轉變世界，因為只有在那個轉變中，你才會被轉變。逃到山裡或修道院會使你錯過轉變自己的機會。

你會是退縮的，不是敞開的。如果你無法愛某個人，你要如何愛全宇宙？那就是祈禱——愛整個宇宙。

人們覺得愛整個宇宙比較容易，因為那似乎不會有問題——宇宙、樹木、星辰、月亮、太陽……它們不會製造問題。

佛陀曾對他的比丘說過，每次早上靜心後：「在你靜心後，需要做的最後一件事就是將你從靜心中經驗到的一切祝福灑落給全世界。不要保留任何東西。」

有個人對佛陀說：「我可以做到，只有一個例外——我希望你不會反對，那是件小事。」

佛陀說：「什麼事？」

他說：「我可以和全宇宙分享我的愛和喜悅——除了我的鄰居；那不可能。我做不到。」

佛陀說：「那就你而言，忘掉全宇宙。就你的情況而言，在靜心後，把你的喜悅、平和與寧靜灑落在鄰居身上。」

那個人說：「我的天，你要做什麼？」

佛陀說：「我知道我在做什麼——因為鄰居才是問題。」

甚至耶穌……他說：「愛你的鄰居如同愛自己一樣。」就如同他說：「愛敵人如同愛自己一樣。」

我曾對一個基督教神學家說：「也許這兩個對象，鄰居和敵人，是相同的——因為你能在哪兒遇到敵人？耶穌不斷重複說同樣的事；只需要說「愛你的鄰居如同愛自己一樣。」就夠了，因為鄰居就是敵人。你要去哪兒遇到敵人？」把你的愛和全宇宙分享會比較容易。

不，先把你的愛和某個人分享，因為他會為你帶來麻煩。除非你經過那個考驗，否則你沒有把你的愛分享給全宇宙的資格。宇宙會是無意義的詞。先找某個人，越困難越好。

這是一種苦行，一種成為苦行者的新方式——找到一個女人遠比待在喜馬拉雅山扭曲身體和做瑜珈難多了。那不算什麼；馬戲團的人可以做得更好，但他們沒有達到任何超意識。只要一個女人，一個真的很難相處的女人，她會打開通往宇宙的門。

你花了八年的時間愛自己；現在，不要花這麼久的時間。第二個階段是最漫長的，除非你決定了……

對方會造成麻煩，因為你的愛還不夠。如果你的愛是溢出的，對方會沉浸在其中，被它洗滌。不但不會造成你的麻煩，對方還會變成很大的幫助，你存在的有機體的互補部分，可以引領你通往第三個階段。

一切都依你有多愛而定。

我不認為人應該吝嗇愛。它不會使你有任何損失。它不是數量上的，當你愛了一公斤，然後就少了一公斤。它不是某個數量。

當你愛的越多，你就擁有越多。

當你給予越多，宇宙就會從四面八方注入更多到你裡面。它是隱藏的泉水，在井裡面。

曾發生過，連續四年沒下雨，為了省水，國王把王宮裡的井封了，他開始喝公井的水，因為王宮用太多水了。如果再一年沒下雨，公井會乾涸，到了那時，至少國王和他的家人還能存活。結果一直沒下雨。他只好開了王宮裡的井，但奇怪的是：水都不見了。每口井都連結到隱藏的泉水。當你從井裡取水，會有更多泉水出現。當你不再從井裡取水，泉水會開始減少。他們從公井取水——因為水在地底下，所以你看不見。

愛有一個可以填滿你的秘密方式，那是看不見的。唯一知道的方式就是給予愛，然後觀察——你會一直是充滿的。如果不給予愛，有一天你會發現你的井是乾涸的。

奧修，坐在你面前，我的心渴望了解你。你我之間的深淵似乎很巨大——雖然我覺得這只是我的想法。請幫我了解。

不需要了解我。需要的是了解你自己。你的慾望基本上是錯誤的，因此會有深淵。你無法了解我，也不需要。那是我的工作，我已經完成了。現在你要做你的工作。當你了解自己的那一天起，你我之間就不再有任何深淵。一旦了解你自己，你就會了解我和每個人。

秘密就在你裡面，但你往錯誤的方向尋找——外在。試著了解我表示你仍然向外尋找。請閉上眼睛向內看。

你的能量必須安定在你裡面，安定在你的中心。在那個安定中，就會帶來了解、光和火焰。

然後你不就只知道你自己；你也知道了全宇宙——因為我們是同樣的東西構成的，同樣的宇宙意識。

奧修，我的男友今早在抱怨我，說我對你不誠實，因為我只對你顯示某一面，而他則接收我所有的牢騷。我真的在隱藏某些事嗎？或者是你的存在激起我內在不一樣的地方以致於我的黑暗面消失了？

這是很好的安排！我是你的師父；你無法對我發牢騷。他是你的男友——如果你不對他發牢騷，那和他在一起要做什麼？他會錯過——男友都需要的。除非他們找到一個很會發牢騷的人，才能產生大麻煩。

這是非常好的。那就是為什麼我要我的桑雅士有男友或女友——這樣我就不會被打擾！

第三十章
無念的經驗

奧修，每次接近你，我的頭腦似乎就會無法運作。我無法抓住任何思想；一切都消失了，彷彿進入了一朵輕盈的白雲。一方面，就像在熱切的渴望下，終於回到家了，另一方面，則是出現害怕發瘋的恐懼。這是否就是害怕失去控制的恐懼？或者是成為弟子的第一步？或者這是神性的瘋狂的一部分？我走在正確的路上嗎？

頭腦就是錯誤的路，無念就是正確的路。

頭腦基本上就是瘋狂的，除非處於無念的狀態，才可能清醒、才可能開花。如果可以記得這點，就不需要做其它事了。

每當靠近我，你的頭腦就一定會消失，原因很單純，因為我不是一個頭腦。你越靠近我，就越會被寧靜、安定和無念填滿。

你也會有點想哭，這是正常的，因為過去你一直透過頭腦來生活。而世界持續告知每個人：失去頭腦就是發瘋。那不是真的，因為沒有瘋子會失去頭腦；事實上，瘋子是在頭腦中迷失自己——他的頭腦變成一個叢林，他找不到出口。他沒有失去頭腦，而是在他的頭腦中迷失了。他比以往更處於頭腦中。

瘋子擁有比你更多的思想。你的頭腦沒有這麼不受控制，沒有這麼廣大浩瀚；它是一般規格，可以控制的。瘋子讓自己在巨大無垠的思想、慾望和夢之叢林中迷失了。所以「失去頭腦就是瘋狂」是不對的；必須修正它。讓自己迷失在頭腦中才是瘋狂。如果你能了解，那要達到清醒的定義是容易的：離開頭腦，進入敞開的、寧靜的、沒有思想和慾望打擾你的狀態。

當你只是一個寧靜的池子，甚至沒有任何漣漪——這就是清醒。但因為你過去都活在頭腦中，離開頭腦似乎是危險的。世界說你將會發瘋。我說你將會清醒。你見證過，當你靠近我的時候，思想消失了⋯和過去的日子相比，你是更清醒或者更瘋狂？

在無念的寧靜中，你要如何發瘋？瘋狂需要矛盾的、無關的、不一致的思想，把你拉向四面八方，使你四分五裂。不知為何，你還是完整的，但你知道如果自己有任何片刻失去控制，你將會變成碎片。是頭腦在害怕。

這就是和師父在一起的原因：毫不知情的，你已經有幾個片刻離開了頭腦，你經驗到了，沒有會發瘋的恐懼。而且你越遠離頭腦，你就變得越有智慧。

記住，智慧不是頭腦的一部分。智力才是，但智慧不是；因此，知識份子是充滿思想的，但在生活中，他的行為非常沒智慧。他有某個專長，透過智力的訓練，去做某件事，他的頭腦像電腦一樣的運作著。但生命不是單一面向的，你不能靠一個專長來度過生命；它是多面向的。

每個人都知道，世界上偉大的知識份子對工作之外的領域都一無所知。我會給你幾個例子……

馬克思是其中一個偉大的知識份子。他控制了一半以上的人類，也許有一天會控制全人類。他打敗了佛陀、耶穌、穆罕默德、摩西。共產主義是世界上最偉大的宗教，而馬克思就是他們的神。

他的專長是經濟學，特別是社會階級和階級抗爭的經濟分歧。他是非常精確的、實際的、基於史實的、科學的。他把他的思想體系稱為科學物質主義。

他是個老菸槍，常抽最貴最好的雪茄。他從不工作，沒賺過錢；而他在談論資本主義和反對資本主義，一切都根據一個資本家朋友——恩格斯，一個偉大的企業家。恩格斯一生都在支持馬克思。而馬克思則過著他反對的資本家生活：沒有生產過任何東西，不是有創造力的，沒有工作。他不屬於勞工階級，而且過著奢侈的生活。

他的妻子、朋友和醫生都受到影響——這個老菸槍會摧毀自己的身體。但他已經無可救藥。他如果不抽菸就無法思考——這有個關聯，因為他總是一邊抽菸一邊思考。當他停止抽菸，思考也會停止——它們已經變成相關的，糾結在一起的。要思考就得抽菸。

有一天…他的妻子無法相信，他帶了一大箱非常廉價的雪茄回來。妻子說：「這不是你抽的牌子。這是最便宜的雪茄。」

他說：「我在買雪茄時有了一個很棒的想法，當我站在那兒，某個人正在買這個牌子的雪茄；我心想：我的天，這些雪茄這麼便宜，我抽的雪茄等於六支這個牌子的雪茄。如果我改成抽這種雪茄，我就可以省下很多錢…抽越多就省越多錢！」然後他瘋狂的抽，進去書房抽…他會丟掉抽了一半的雪茄，然後點上新的雪茄。

妻子認為他瘋了：「如果你這樣抽雪茄，要如何省錢？」

理論上、智力上而言，他是對的，你抽一根雪茄就省了五根雪茄的錢。但實際上沒任何錢省下來。他的朋友和醫生都來了…他不理會他們：他說：「你們不了解經濟學。我在做的事是完全合理的、邏輯的。」

但朋友對他的僕人說：「把這些雪茄拿走——你說的是什麼經濟學？你會弄壞你的肺！」

馬克思說：「我這一生唯一找到一件可以賺點錢的事，奇怪…我的妻子、朋友、醫生和鄰居都反對——甚至我的僕人！沒人了解經濟學。」

他是個知識份子，但不是有智慧的。智慧是完全不同的現象。

俄國革命後發生過…彼得格勒在革命前被稱為聖彼得堡。它是以彼得大帝的名字命名——「彼得格勒」。在皇宮前面有顆大石頭，很美的石頭。列寧，俄國革命的主要發起者，想要移除那顆石頭，因為它擋在路上，汽車和公車等現代車輛都無法經過；它們得繞遠路。以前沒有車子的時候是沒問題的，但在路中間，這顆石頭是完全不需要的。那顆石頭很巨大；工程師被找來，提出各種建議。有個窮人和他的牛車待在一旁看著一切。然後他笑了，列寧問他：「你在笑什麼？」

他說：「我是個窮人；我不知道這些偉大的工程師在想什麼。但這件事很簡單：他們似乎認為不可能搬走它。但不需要搬走它。只要在石頭周圍挖洞；把泥土弄走。那顆石頭會陷入洞裡，不會變成障礙。你不用擔心如何搬走它，不需要。它可以成為這條路的一部分——如此美麗的石頭。但我是個窮農夫。我可能是錯的。只是我們在田裡就是這樣做的。」

列寧在日記中說：「那天我發現接受智力的訓練是一回事，有智慧又是另一回事。那個窮人是有智慧的——沒受過訓練和教育，但卻有單純的洞見。」他們照著做了。石頭還在那兒；沉到路底下了。

頭腦最多是個偉大的知識份子，但它永遠不會有偉大的智慧。

智慧需要新鮮。

智力只能完成受過訓練的事。就像鸚鵡；可以重覆你教牠的。它是電腦：你得先給它資訊，電腦有個記憶系統——它會保存，每當你需要，電腦就可以提供資料給你。但不要問任何新的問題；電腦無法回答。

它沒有任何智慧。

頭腦的情況也是如此。

你觀察過嗎？

它給的答案是你透過教育得到的、你被告知的、你學習過的，用某個方式存在你的頭腦中的記憶體。每當你需要，它就可以提供給你。但如果某個新的問題發生，也許是小問題：頭腦是完全無能為力的，無法給你答案，因為記憶體裡面沒有答案；它不是記憶體的一部分。

頭腦是記憶，不是智慧。

智慧是：當你遇到新問題或新情況，你的存在反映那些新問題並找到答案。你沒有談論過它們，你沒有研究過它們。你的記憶是完全無法提供答案的。

偉大的知識份子會尋找新問題，但常常遇到困難。據說世界上其中一個最偉大的數學家，愛因斯坦，上了去學校的公車，把車資給了車掌。車掌給了他車票，找了他零錢，愛因斯坦算了錢後說：「你騙了我。」

車掌說：「我再算一次。」他算完後告訴愛因斯坦：「你似乎不懂算數，你不知道怎麼計算。安靜，去找位子坐下。」

愛因斯坦對妻子說：「很尷尬；全車的人都在笑，還好沒有教授或學生在場；沒人知道我是愛因斯坦。車掌說：「你不懂算數。」而我在處理人類史上最複雜的問題，我的工作就是計算。但我想最好還是不要爭論。你算一下錢，看看他有沒有騙我，或者是我錯了。」

妻子算完後說：「沒錯。對一下你的車票，他找給你的錢和你給他的錢，完全正確。你似乎不懂算數！你太習慣天文數字了，後面有幾百個零的數字，你已經忘記如何處理簡單的數學了。以後不要跟任何人說話；如果還有這類情況發生，就保持安靜。」

我的一個朋友，馬諾哈羅西亞，去找過愛因斯坦——他是在德國受教育的。他準時抵達那兒，但愛因斯坦的妻子說：「你得再等等。我不確定還要多久，他在洗澡，不想被打擾。但你無法知道他會洗多久。」

羅西亞說：「我可以等。」他以為只要十五分鐘或半小時——你能洗多久？但六小時過去了…妻子拿了早餐給他，然後午餐…他說：「我的天，他還在浴缸裡面嗎？他在做什麼？」

妻子說：「我們剛結婚時，我常打擾到他，他會因此氣一整天、丟東西、製造各種麻煩和尖叫。他不要被打擾，因為他所有關於星辰的理論都是透過泡泡浴發現的。他會一直玩泡泡、肥皂泡…對他而言，那些肥皂泡就是星辰。他算出…我不知道他怎麼算出來的，但他做到了——他寫滿了浴室的牆壁。我會帶你看他的浴室；都是數學計算。」

六小時後，愛因斯坦出來了，他說：「你來啦？來得正是時候。我剛好從浴室出來，而你就坐在這兒。」

羅西亞說：「我已經坐了六個小時！」

他說：「我的天！請原諒我，因為我在洗泡泡浴，完全忘記時間了。想的只有星辰和方程式、它們的距離…你來看看我的浴室。」

羅西亞對我說：「他們帶我進去浴室。牆上都是偉大的方程式」——他無法理解，因為他不是數學家。他說：「你把浴室當成你的實驗室。」

愛因斯坦說：「不是我造成的，它自己變成了實驗室。不知為何，這些肥皂泡很像星星。」

這個人是其中一個最偉大的知識份子。但他造成了一個愚蠢的、醜陋的、不人性的事件。他造成長崎和廣島被轟炸。因為他寫了一封信給美國的羅斯福總統：「我可以製造原子彈。你只需要擁有它就夠了，不需要投擲它。擁有它就足以讓德國和日本投降。」但這麼做是愚蠢的。

羅斯福同意了，提供製造原子彈所需要的一切。愛因斯坦完成了，它們才剛完成就被政客控制了。愛因斯坦在信中說——羅斯福那時不再是總統，接任的是杜魯門，他寫信給杜魯門——「不能使用那些炸彈。那是我的條件。」但杜魯門沒回信。誰在乎？你完成了你的工作，你得到報酬了。你不再負責那些炸彈了——它們屬於政府。

杜魯門把那些原子彈投到長崎和廣島，沒有任何原因。德國已經戰敗了，投降了。而日本隨時都會……專家說最多一到兩周，日本就會投降。沒有德國，日本無法撐下去。而且沒必要摧毀那兩個和戰爭無關的城市——小孩、女人、老人、母親、孕婦，都是和戰爭無關的人。而且不是小數量——每個城市的人口都超過十萬人。所以有二十萬人……

但杜魯門想要盡快使用那些原子彈，因為如果日本投降，你就無法使用它們了。能去哪兒實驗？他想要實驗。

這就是實驗。

二十萬人死了。

而且那兩顆原子彈的影響會持續好幾代，不只人類；魚、動物、樹木——到處都是，輻射會持續影響。

愛因斯坦後來哭著說：「我是個笨蛋。不了解這麼簡單的事：一旦你把強大的力量交給政客，你就無法控制它了，你無法做任何事。」

他的遺言是：「我來世想當個水管工人，不是物理學家，因為我不想再犯下殺人罪。因為我的愚蠢…」雖然他的建議是理智的，但卻不是有智慧的：「只要讓敵人知道我們有這個武器就夠了。」

但政客非常渴望展現他們的力量，如果不讓全世界感受到…就無法約束它們。

你看過兩隻狗在打架嗎？他們會彼此吠叫，跳向對方，然後你以為會有個血淋淋的搏鬥——但什麼事都沒發生。牠們會判斷，看看誰比較強壯，一旦雙方都認定誰是比較強壯的，就不需要搏鬥了。其中一隻狗會垂下尾巴，釋出訊號：「夠了，你是贏家，我輸了，我們還是可以當好朋友。」

狗比政客還有智慧。這個方式是有智慧的——「還有什麼必要？我比對方還弱小；何必要弄到你死我活？只需要吠叫、蹦跳、演齣戲：將會發生…」但從未發生。某隻狗知道了，牠會立刻垂下尾巴。

你一定經驗過，當你經過某間房子，看門狗不知道你是朋友還是敵人，牠會對你吠叫，同時搖尾巴。因為不知道結果會如何——如果是朋友，牠會停止吠叫，而牠早已搖著尾巴：「歡迎！」所以牠等著，有智慧的，等到主人出來。然後牠就知道這個人是不是朋友。在那之前，牠會同時做這兩件事。

狗不是理智的，但牠們是有智慧的。你會發現所有動物都有牠們的智慧。

現在他們說甚至樹木也是有智慧的——已經透過奇特的方式證明了。樹木不是知識份子，不會去學校或圖書館。沒看到它們做了任何智力上的訓練，但它們是有智慧的。科學家在研究一棵樹：它附近沒有水，但兩百英呎外有根水管。那棵樹不知如何發現的，它所有的根會往那個方向移動——而那是根水管；不是可取用的水。

但那些樹根會纏住那根水管，越來越緊以致於水管破了，它們從兩百英呎外取得了水源。那棵樹仍是翠綠的，開了花。科學家挖掘後很驚訝：樹根如何知道必須往北移動而不是往南移動？它們朝著水源的方向前進，彷彿存在著一種難以察覺的智慧、一種敏感性。它們弄破了水管，得到了無法從土壤中得到的水源。

最近他們發現樹木和植物在很多方面都是有智慧的——非常深的智慧，也許是遠遠超越我們的。

某些像心電圖的儀器被開發出來了，它們被連接在樹上。當伐木工被告知去砍樹時，伐木工帶著斧頭出發。當他接近樹木時，心電圖會顯示樹木恐懼的發抖著；紙上的曲線開始晃動。原本非常對稱的進行著⋯當伐木工靠近，指針晃動的更劇烈，更多起伏，而伐木工還沒砍樹。

似乎伐木工腦中的想法被樹木以某種方式知道了──某種心靈感應，某種思想的讀取。他們找了另一個伐木工來試──沒有要砍樹，而是叫他帶著斧頭經過樹──心電圖維持是對稱的。因為那個人沒有砍樹的念頭；樹不會擔心，所以沒有恐懼。

我們的頭腦會持續播放腦中的一切。樹木會得到。人似乎是遲鈍的──你不知道誰會來殺你或偷你的東西──但樹木會知道。它知道的方式一定是完全不同的⋯

超越頭腦的人並不是瘋狂的，而是透過一個不同的方式來知道世界、了解世界、回應實相──更有智慧的、更敏感的、更有愛心的、更人性的。

不用擔心。這是第一步，也是正確的一步。

奧修，我了解到完全處於心只是個開始，旅程是無止盡的。有時候我會覺得，在過去的普那，當你在談論成道時，它是比較容易的。是否因為我們走了第一步，你才接著告訴我們下一步？

確實，早期對你們的教導中，成道似乎是比較容易的。它必須如此，因為我不想嚇壞你們。現在我可以信任你們，即使我說出實話，你們也不會逃走。成道並不容易。

但要如何說服人們？他們如此沉迷在毫無意義的事情中，如果你使他們認為很困難，那會使他們卻步，他們會說：「再看看。也許某一世——急什麼？它是永恆的。但現在面對的小事不會永遠存在，所以讓我們先完成它們。」

他們會持續把成道列為清單上的最後一件事。

印度有一個古老的故事。迅行王快死了；他已經一百歲了，他已經做了所有你能做的——征服各國，擁有美麗的妻子，並和她們生了一百個兒子，擁有一個人所能想像的各種寶藏。但人的慾望是無窮的。他對死亡說：「還太早；我還沒完成在地球上的體驗。你至少再給我一百年。」

死亡說：「我可以給你一百年，只有一個條件：如果你有一個兒子可以代替你死。因為我得帶走某個人，我不能空手而回。大家都很官僚，沒人在乎——只要某個人的生命，我會註明迅行王死了。如果你有一個兒子……而且你有一百個兒子……」

迅行王說：「沒問題。我的兒子都很愛我。」

他把他們叫來……他的兒子不全是小孩。有一個已經八十歲了，有一個七十五歲了，有一個七十歲了。他們都老了，但沒人想死。只有最年輕的小孩，只有十七歲，還沒結婚，剛從師父的家返回——他說：「你可以帶走我。如果這可以讓我的父親再活一百年。我會非常快樂。」

連死亡都同情這個男孩。死亡說：「你沒看到其它九十九個哥哥嗎？——沒人願意。他們都快死了。對一個八十歲的人，沒有什麼好失去的——他的死亡隨時會來到。你還太年輕，你不知道自己在做什麼。再想想。」

他說：「我想過了。理由就如同你給我的：我的父親已經活了一百年，仍然不滿足。我的九十九個哥哥已經活過，但仍沒人想死。這對我而言會是足夠的證明，在這一世，滿足是不可能的。至少滿足我這個要求，我把我父親給予我的還給他。這個生命是沒有意義的。」

死亡勉強帶走他了。

一百年後，死亡回來了，迅行王說：「我的天，我完全忘掉你會再回來。我還沒完成每件事。」

然後這個情況持續發生。每當迅行王老了一百歲：死亡來了十次，每次都是最年輕的兒子為父親犧牲。

這是很重要的暗示：老舊的頭腦不準備死：即使你再讓它活一百年，它仍會抓著生命不放。只有最年輕的頭腦敢進入死亡，不需要經歷過人生的起伏。

一千年後，死亡來了，迅行王說：「這次：事情仍未完成，但我知道它們永遠不會完成。你可以帶走我。我感到羞愧，完全不了解。犧牲了我年輕的兒子——單純的、更有智慧的，他們是更有洞察力的。他們可以了解，在這一世，滿足、完成每件事和知足是不可能的——

你陷在一千零一件事裡面，最後仍無法完成它們——蓋了一半的房子，進行到一半的生意……然後要求更多時間。你死時會像個乞丐，而不是皇帝。你將無法擁抱死亡，你會不情願的、勉強的被死亡拖走。」

在這兒，如果我對你說成道是很難的，你會把它收起來，放到最後才做。所以我得對人們說它是很容易的，比世界上的任何事還要容易，它是最簡單的事。一旦你對成道感興趣，慢慢的，慢慢的，我就能對你說：「別傻了。」但只有時機成熟，我才會說出來。

對於想了解自己和存在的人，它會是最大的挑戰，無論有多難，那仍會是他們優先要做的。其它事是次要的，因為那些事無法讓你經驗到永恆的生命、不朽的存在、有所了解的寧靜。那些事無法幫你擺脫你過去無數世的黑暗——摸索著、受苦著。

它可以在最黑暗的夜晚為你帶來最美的黎明。

它的困難取決於你對它的渴望：如果這是你的第一優先，那它不是困難的；如果它是你最後才要做的，那它會是很難的，幾乎不可能做到。但你已經走了這麼長的一條路，即使我說它是無止盡的旅程，你也能了解它的美——你不會懼怕一個無止盡的旅程。

當倫敦的火車站首次開始運作，第一列火車只走了八英哩。但英國所有的教會和主教都在譴責火車，他們說這不是神創造的；如果人類需要，祂會創造出來。這一定是惡魔的傑作——而且火車看起來也像個惡魔，特別是老舊的引擎，看起來就像惡魔。他們讓人們害怕——「不要搭乘它。」

那時不用車票，便當是免費的。但那些主教對人們說：「你們不了解：它可以發動，但誰保證它會停下來？如果它不會停下來，你怎麼辦？吃完便當就結束了！只是為了一個便當，一生就結束了。」

確實沒人看過火車停下來。沒人看過火車發動，也沒人看過火車停下來；沒有前例。沒人可以保證它會停下來。甚至工程師和科學家都無法保證；他們說：「我們知道它會停下來。但保證？我們要如何保證？我們得先讓它運轉。」

非常困難：只有幾個人上了火車，那些膽大的人說：「好，如果它沒停下來就算了。如果它要駛向地獄，那我們就去地獄——但我們得看看會發生什麼事。還有便當：我們不能錯過。」

所以只有幾個人：其它人勸說他們，家人也勸他們：「下來，不要為了一個便當而冒險。不要害了自己！你沒看到火車的正面嗎？」但火車停了，人們歡呼著。

人害怕任何無止盡的事物。但那些知道的人知道，要懼怕的應該是會結束的事物。無止盡的事物應該是非常吸引人的。

現在我可以說，你在一個無止盡的旅程上，你會在某些地方過夜，但你永遠不會抵達終點——不會有任何終點站，不會有任何維多利亞車站。

奧修，我發現你回答的問題也是我的問題。但我提出的問題無法很清楚的表達，而且似乎沒有像那些問題那麼明瞭。現在是時候讓我們請你回答我們所有的問題了。令我驚訝的是有一次，我認為我表達得很清楚。我的問題就像心中的火焰——無語的、美麗的、燃燒的。可否請你談談，弟子是否需要能夠清楚表達內心中渴望提出的問題？

如果一個弟子有一個渴望提出的問題，但無法清楚的用文字表達，那他是被祝福的。那不是需要難過的事。反而要感到非常幸運，因為擁有一個無法用文字表達的問題才是真正的問題。

真正的問題是無法用文字表達的。

但真正的問題將會被回答。無論你是否可以用文字表達，那不重要。

事實上，我會處理所有在你心中無法用語言表達的問題，它們是最重要的。

所以無論你提出什麼問題，我把它們當成藉口，用來回答其他沒被提出來的問題。

記住：如果你有問題，它不會一直不被回答。我在這兒正是為了那些問題。

奧修，我記得在普那聽你說過，在師父和弟子的瘋狂遊戲中，是師父選擇弟子——在弟子覺得是他選擇師父之前。那師父是否會在弟子背叛他之前先離開弟子？

確實。無意識的弟子沒有任何選擇，他只能選擇師父或離開師父。只會是有意識的師父選擇弟子，如果他覺得時機不對，他會離開弟子。但他離開弟子的方式是如此優雅以致於弟子會以為是他離開了師父。

在選擇的同時，弟子會以為是他選擇了師父。在你的睡眠中，你無法選擇將要喚醒你的人。在你的睡眠中，你只能作夢，你無法對實相有任何管見——選擇師父或離開師父。

師父選擇的弟子是有潛力的、有開花的可能性。但有些弟子成長的速度太慢，可能要花好幾世；那最好還是離開他們。會有其它人對他們下工夫。最好不要對他們下工夫，因為留下未完成的工作會造成弟子的問題。

師父來世就不再回來了。如果我無法在這一世完成對你進行的工作，我就不會開始它。最好還是讓你仍是一塊白板。你的來世會有人對你下工夫。他會有他的方法和策略。

祖南，一個蘇菲師父，會對每個剛來到的新弟子說：「你們是否當過其它師父的弟子？如果有，那我的費用要加倍。如果你們沒當過任何師父的弟子，那我的費用跟平常一樣。」

人們感到困惑。他們說：「我們已經從其它師父那兒學了很多，現在來找你：你不該要求兩倍的費用——應該是免費或減半。」

但祖南說：「你們不懂：我必須先消除其它師父做的一切，因為使用的方法和策略是不同的，我的工作因此更複雜了。對一個沒接受過任何教導的人下功夫會比較容易。」

如果我認為某個人不會有任何進展，無論怎麼做都只是浪費時間，他沒有很迫切——而我很迫切——那最好還是向他告別。但如果讓他覺得自己被放棄，那會是冷酷的。最好的方式就是創造一個情況讓他離開，讓他感覺離開是很好的。

他被給了一個假的機會，以為是他選擇了師父，他被給了一個假的機會，以為是他離開了師父。但無論哪個情況，基本上是師父要負責。

奧修，無論你在哪兒，就會有歡樂和慶祝。為什麼會有這個奇妙的現象？

歡樂和慶祝是我們自然的狀態；你只是忘了它們。

當你來找我，你會突然發現沒有悲傷或痛苦的需要，生命想要你唱歌和跳舞，生命不是嚴肅的，它是玩樂的。

古代的先知把這稱為里拉；這個字可以被翻譯為「玩樂」。這是神的玩樂。你只是需要想起來。

任何知道的人……接近他的人，你在他的鏡子中看到自己的臉。你突然想起來，你的痛苦消失了——因為你的痛苦和悲傷是虛假的。慶祝才是你的真實。那和我無關；只是因為處於我的存在使你有片刻忘記了自己虛假的痛苦的面具。你突然感到喜悅、歡樂和內在中出現的芬芳。那不是我的。

我只是使你想起來，只是一面鏡子。

看著你的臉，慶祝就在那兒。

困難的是你必須透過鏡子才能看見自己。

我聽說穆拉納斯魯丁在地上看到一面鏡子。他從未看過鏡子——可能是某個旅人經過村子時掉了。他看著鏡子說：「我的天，這是我的父親！這個老騙子居然有自己的照片，而我們卻不知道。」

他把鏡子帶回家。不想讓妻子看到，因為會發生不必要的爭吵——任何原因都可以——於是他下樓了。但妻子發現到：「這個老傢伙一定做了什麼事，看他進門的方式。」當他離家後，她走到樓上。他把鏡子藏在衣服下面的箱子內，但被她找到了。沒有任何丈夫藏起來的東西是妻子找不到的，從未發生過。

她看著鏡子說：「我的天，年紀這麼大了……還和這個又臭又老的女人搞外遇！」

那是面鏡子。

沒有鏡子，你就無法知道你的長相。

鏡子確實是很偉大的發明。

師父也是一面鏡子——不是用來反映身體和長相的，而是你的本來面目，你真正的存在，你內在的火焰。一旦你看到它，你會突然發現，所有的黑暗、痛苦和悲傷都消失了，只剩下慶祝。

無論師父在哪兒，卡巴就在那兒，卡西就在那兒，因為你有機會經驗到你真實的喜樂。突然的，一首歌、一支舞——你不再是老舊的你。至少在那一刻中，你是個新存在。

如果你可以持續記住這點，就不需要師父了。每當你想起自己，慶祝就會在那兒，卡巴就會在那兒，卡西就會在那兒。

關於靜心村

奧修國際靜心村

位置：位於距離印度孟買東南方一百哩外的普那市，奧修國際靜心村是一個與眾不同的假日勝地。靜心村座落在一個樹木林立的高級住宅區內，是一個擁有四十英畝大的壯麗園區。

獨特性：靜心村每年招待來自一百多個國家的數千位遊客。獨特的園區提供機會使每個人可以直接體驗一種全新的生活方式｜帶著更多的覺知、放鬆、慶祝和創造性。全年提供不同的服務項目，以及每日的不同課程選擇。其中一個選擇是什麼事都不做，只要放鬆！

所有課程都是依照奧修對於「左巴 佛陀」的見解｜一種不同品質的新人類，能同時過著創造性的日常生活，及放鬆在寧靜和靜心中。

靜心：每日的靜心行程表，針對每個人提供不同的靜心課程，被動的和主動的，傳統的和革命性的，特別是奧修動態靜心，它是在奧修大禮堂｜全球最大的靜心大廳中進行。

多元大學：針對個人的講習、授課和討論會涵蓋了創造性藝術、整全健康、私人轉變、關係和生活變化、工作靜心、奧秘科學，以及用於運動和娛樂的「禪」的方法。多元大學成功的秘密在於所有課程都和靜心緊密的結合，人們可以了解到人類是整體的，而不是部份的。

芭蕉Spa：舒適的芭蕉Spa讓人們可以在圍繞著蒼翠樹木的露天場所下悠閒地游泳。獨特的風格、寬敞的浴池、桑拿、體育館和網球場…令人驚歎的設計更是提升了它們的美感。

飲食：各種不同的用餐區提供美味的西方、亞洲和印度素食｜為了靜心村，它們大部分是透過有機種植而得。麵包和甜點則是在靜心村內自有的麵包坊進行烘烤而成。

夜晚的生活：多種晚間節目可供選擇｜跳舞是其中的首選！其他活動包括星辰下的滿月靜心、各種表演、音樂演奏和每日靜心。

或者你可以只是在廣場咖啡廳裡享受和人們的聚會，或者在寂靜的夜晚漫步在童話故事般的花園中。

設施：你可以在購物廳購買生活所需的日常用品和化妝品。媒體廳則販賣各種奧修影音產品。還有銀行、旅行服務處和園區網咖。對於那些喜愛購物的人，普那提供了各種選擇，包括從傳統的印度民俗產品到全球知名品牌的商店。

住宿：你可以選擇住在奧修招待所裡的高雅客房，也可以選擇長期住宿的套裝居住行程。此外，附近還有各種不同的飯店和公寓可供選擇。

更多資訊請瀏覽www.osho.com/meditationresort

關於作者

奧修反對分門別類。他的數千種談論涵蓋了一切，包括個人詢問的問題，以及現今社會當務之急所面對的社會和政治議題。奧修的書不是書面文字的，而是根據他對國際聽眾所作的即席演講的影音紀錄所謄寫而成。如他所說：「所以記住：無論我說了什麼，那不只是針對你…我也是為了未來的一代而談。」倫敦周日時報說奧修是「創造二十世紀的一千個人」的其中一位，美國作家湯姆羅賓斯說奧修是「自從耶穌基督之後最危險的人」。印度周日午報說奧修是和｜甘地、尼赫魯、佛陀｜等十個改變印度命運的人。關於他的工作，奧修說他是在幫助創造一個誕生出新人類的環境。他常將這樣的新人類稱為「左巴佛陀」｜可以同時是享受娛樂的希臘左巴和寂靜的喬達摩佛。如同一條聯繫著奧修各種書籍和靜心的線運作著，包含了過去各時代的永恆智慧以及現代（和未來）潛力無窮的科學和技術。奧修為人所知的是他對於內在轉變的科學的革命性貢獻，以及用於現代快速的生活步調的靜心方法。他獨特的奧修動態靜心設計，讓人先釋放出身體和頭腦累積的壓力，以便更容易在日常生活中體驗到寂靜以及無念的放鬆。

關於作者，有兩本自傳作品可以購買：奧修自傳：叛逆的靈魂，〔繁體中文／除大陸外，全球販售〕；金色童年，〔繁體中文／除大陸外，全球販售〕。

奧修・奧義書 / 奧修(Osho)著；李奕廷譯. -- 初版. -- 臺北市：
旗開, 2018.08-
冊；　公分
譯自：Osho Upanishad
ISBN 978-986-89034-9-4(中冊：平裝)

1.印度哲學

137.4　　　　　　　　107010634

欲了解更多資訊請瀏覽
www.OSHO.com

這是一個綜合性的多語網站，包括雜誌、奧修書籍、奧修演講的影音產品、英語及印度語的奧修圖書館資料文獻，以及關於奧修靜心的各種資訊。您也可以在這兒查詢奧修多元大學的課程表以及奧修國際靜心村的相關資訊。

相關網站：

http://OSHO.com/resort
http://OSHO.com/AllAboutOSHO
http://OSHO.com/shop
http://www.youtube.com/OSHO
http://www.oshobytes.blogspot.com
http://www.Twitter.com/OSHOtimes
http://www.facebook.com/pages/OSHO.International
http://www.flickr.com/photos/oshointernational

您可透過下列方式聯繫奧修國際基金會：

www.osho.com/oshointernational,

oshointernational@ oshointernational.com

奧修・奧義書（中）

原著：Osho Upanishad Vol.2
作者：奧修（OSHO）
譯者：李奕廷（Vivek）
發行：李奕廷
出版：旗開出版社
電話：(02)26323563
網址：www.flag-publishing.com.tw
電子信箱：flag.publish@msa.hinet.net
地址：台北市信義區松德路12號6樓
統編：31855902
匯款訂購：第一銀行007　帳號：158-10-012620 戶名：旗開出版社

經銷：紅螞蟻圖書有限公司
地址：臺北市內湖區舊宗路二段121巷19號
電話：(02)27953656

初版：2018年8月
定價：350元
ISBN 978-986-89034-9-4

Original English title: ***Osho Upanishad***
This book is a transcript of a series of original talks Osho Upanishad by Osho given to a live audience. All of Osho's talks have been published in full as books, and are also available as original audio recordings. Audio recordings and the complete text archive can be found via the online OSHO Library at www.osho.com

原文書名：Osho Upanishad。
本書為奧修對聽眾所作的一連串演講 Osho Upanishad。所有奧修演講都有書籍出版和原始錄音檔案。可以透過www.osho.com的線上圖書館找到錄音檔案和完整的文字檔案。